In der Fremde daheim

ISBN:978-1-7969-7387-7 (Druckversion)
ASIN: B07NSDZGXG (e)

Cover-Foto von Susanne Bacon

Susanne Bacon

In der Fremde daheim

Deutsch-amerikanische Essays

Weitere Bücher von Susanne Bacon:

Wycliff Novels
Delicate Dreams (2015)
Wordless Wishes (2016)
Telling Truths (2017)
Clean Cuts (2018)

Andere:
Islands on Storm (2015)

Für Donald,
Ursache für all dies

Inhalt

Einfach sinniert

Freizeitbeschäftigungen

Essen

Dies und Das

Vorwort

Wenn man auswandert, wird man von allen Seiten mit Fragen bestürmt – aus der alten Heimat, wie man sich in der neuen zurechtfindet, und in der neuen, wie diese denn im Vergleich zur alten Heimat abschneide. Der Gedanke, eine Kolumne zu diesem Thema zu schreiben, ergab sich daher relativ früh. Dass es dennoch sieben Jahre dauerte, bis der erste Artikel in einer lokalen Online-Zeitung erschien, liegt daran, dass sich mancher Gedanke erst einmal setzen und mit mehr Erfahrung gefüllt werden musste. Dass diese Sammlung ausgerechnet 2019 erschienen ist, im Deutschlandjahr der USA, ist übrigens reiner Zufall.

Vielleicht war es mir vorbestimmt, zu den Auswanderern in meiner Familie zu zählen. Auch die USA als Zielland waren nichts Außergewöhnliches. Meine Großtante Marta Keller trat diese Reise in den 1920ern an, wurde eine der ersten kommerziellen Pilotinnen der USA und machte sich in der Medizin einen Namen, als sie Albert Einsteins Gehirn für wissenschaftliche Zwecke präparierte. Meine Tante Isa Babb wurde ebenfalls, einige Jahrzehnte später, kommerzielle Pilotin in den USA. Ich selbst habe solche Höhenflüge nie angestrebt; aber ich lernte jemanden von der US-Luftwaffe kennen und verlor mein Herz an ihn. Damals war ich Ende 30 und hatte Karriere als Chefredakteurin bei einer deutschen Fach-zeitschrift gemacht. Auch hatte ich Gedichte und Kurz-geschichten veröffentlicht und ein fertiggestelltes deutsch-sprachiges Roman-Manuskript in der Schublade. Es lag also

11

nahe, das Schreiben selbst in einer Fremdsprache fortzusetzen. Nach meiner Ankunft in den USA begann das Konzept für die Kolumne „Home from Home" zu entstehen. 2017 wechselte ich meine Staatsbürgerschaft.

Dieses Buch will nicht mehr (und nicht weniger) sein als ein persönlicher Blick auf zwei Nationen. Selbst wenn manche Gedanken und Eindrücke von anderen Deutsch-amerikanern oder Besuchern beider Nationen geteilt werden, ergibt sich daraus kein Anspruch auf Allgemeingültigkeit. Und jenen, die mit dem Auswandern liebäugeln, sei gesagt, dass nüchterne Sachbücher und rationale Überlegungen zur persönlichen Lage ein besserer Ratgeber sind als ein Buch, das nicht als solcher gedacht ist.

Die Artikel der vorliegenden Kolumne erschienen im Sommer 2017 und im Jahr 2018 in „The Suburban Times", die West Pierce County im US-Bundesstaat Washington bedient, und wurden nur leicht redigiert. Jeden Freitag beantwortete ich Fragen, die im Laufe der Zeit an mich herangetragen wurden. Bewusst habe ich dabei vermieden, politisch zu werden oder in irgendeiner Hinsicht Kontroverses zu thematisieren. Mir lag am Herzen, auf unterhaltsame Weise die Unterschiede zwischen Hüben und Drüben aufzuzeigen, die im Alltagsleben auffallen. Am Ende ist daraus eine Liebeserklärung an zwei Nationen geworden, die einander vielleicht ähnlicher sind, als man glauben möchte.

Feste und Feiertage

Karneval

Mein Geburtsland, Deutschland, rühmt sich ganzer fünf Jahreszeiten. Ja, Sie lesen richtig. Frühling, Sommer, Herbst, Winter und – Fasching oder Karneval. Diese fünfte Jahreszeit beginnt am 11. November um 11.11 Uhr und endet am Aschermittwoch. Diese Jahreszeit beginnt mit kostümierten Umzügen, Bühnenshows und Partys und endet mit der Verbrennung oder dem Ertränken eines Karnevalmaskottchens. Achja, Fasching – als Kinder freuten wir uns darauf wie unsere Altersgenossen hierzulande sich auf Halloween gefreut haben werden! Sein Höhepunkt wird am kommenden Donnerstag erreicht mit fast einer ganzen Woche der Festlichkeiten.

Haben Sie Geschäftspartner im deutschen Rheinland? Versuchen Sie erst gar nicht, sie dieser Tage telefonisch zu erreichen. Die meisten Büros werden offiziell geschlossen sein, weil jeder auf der Straße feiert, in Ballsälen und Festhallen, in Kneipen und in Privathäusern. Die Menschen werden fantasievolle Kostüme tragen, die oft genug in intensiven, unzähligen Arbeitsstunden handgefertigt wurden, nur um während dieses saisonalen Partyhöhepunkts einmal gesehen zu werden. Obwohl wir nie im Rheinland gelebt haben, erinnere ich mich daran, wie meine Mutter stundenlang die schönsten Kostüme für meinen Bruder und mich nähte. Und trugen wir sie nicht voll Stolz?!

Zum Fasching gehörten auch Berliner, eine Art faustgroßes Doughnut-Hole, dick überzuckert und mit Marmelade gefüllt. Wie so viele Deutsche machte meine Mutter sie

15

selbst, und das Haus war über diese Tage von dem Geruch heißen Fetts erfüllt. Das Radio spielte von früh bis spät Karnevalshits. Fernsehübertragungen aus Mannheim, Mainz, Köln und Düsseldorf brachten gigantische Umzugswagen und den glamourösen Tanz von Funkenmariechen, einer barock-militärischen Variante der Cheerleaders, in unser Wohnzimmer. Kabarettisten griffen auf der Bühne Alltagsthemen auf, um sie in jeder Hinsicht aufs Korn zu nehmen. Und die eher politischen Shows zahlten es Politikern aller Parteien heim – oft genug saßen solche im Publikum und beklatschten ihre eigene Demontage.

Im deutschen Karneval gibt es kein „Trick or Treat". Und nur die kühnsten Grüppchen von mindestens drei oder vier Kindern spannten lange Papiergirlanden über die Straße, um Autos für ein paar Pfennige anzuhalten. Kam ein Fahrer dem nach, sahen die Kinder zu, dass die Girlanden sich um die Autoantenne wickelten, um das Fahrzeug zu schmücken. Wenn nicht … nunja, vielleicht würde ja der nächste mitmachen.

Heute frage ich mich, wie sehr oder wie wenig ich mir als Kind des Hintergrunds von Fasching, Fastnacht oder Karneval bewusst war. Vermutlich so sehr oder so wenig wie Kinder hier des Ursprungs von Halloween. Ich bin mir sicher, dass meine Mutter uns Kindern die eher finsteren Masken unserer Heimatregion erklärte, die der Vertreibung des Winters dienen sollten. Und warum katholische Klassenkameraden am Aschermittwoch eine Stunde später zur Schule kommen durften – sie waren zur Kirche gegangen, während wir Protestanten

16

über unseren Mathebüchern Buße geübt hatten. Ihre Abwesenheit und ihr stilles Hereinschlüpfen, einer nach dem anderen, machten das Ende der fünften Jahreszeit irgendwie geheimnisvoll. Ich wusste auch, dass Aschermittwoch die Fastenzeit eröffnet.

Ich lernte wahrscheinlich erst später, dass die Kostümierung ursprünglich Ausschweifungen aller Art während dieser Zeit verdecken sollte, besonders der Leute, die einen Ruf zu verlieren hatten. Ich habe erst unlängst gelernt, dass der Ruf der französischen Revolution nach "égalité, liberté, fraternité" ein Akronym formt, das dem deutschen Wort "elf" oder 11 gleichkommt. Und natürlich machten die Masken alle gleich, reich und arm, hoch und niedrig. Mehr oder weniger.

Ganz offensichtlich wurden dem ursprünglich mittelalterlichen Karneval in Deutschland neue Züge hinzugefügt. So wie hierzulande Zombies Halloween bereichern, halten die Traditionen der Wäscherinnen des frühen 19. Jahrhunderts, Puppentheater, Guggenmusik (das sind aufwändig kostümierte Spielmannszüge) und vielleicht gerade jetzt etwas Neues, wovon ich noch gar nicht gehört habe, dieses lebhafte, laute und leichtherzige Fest lebendig.

Wenn ich mir alte Fotos anschaue, fällt mir auf, dass mein erster Fasching in Deutschland und mein erstes Halloween hier zwei Gemeinsamkeiten haben: Ich trug hohe Hüte. Und ich mag immer noch keinen frittierten, süßen Hefeteig – egal, ob er sich Berliner oder Doughnut nennt.

17

Valentinstag

Zum ersten Mal wurde mir bewusst, dass es so etwas wie Valentinstag gibt, als ich sechs oder sieben Jahre alt war und lesen konnte. Ich erinnere mich, dass ich ein Blumengeschäft betrat, das über und über mit roten Herzen geschmückt war, und dass ich meine Mutter nach dem Grund fragte. Sie sagte mir, es sei ein Tag, an dem Liebende einander Blumen schenkten. Und sie machte sofort deutlich, dass sie an diesem Tag keine bekommen wolle, weil es sich um eine reine Geschäftsidee handele. „Wenn man jemanden wirklich liebt, braucht man keinen speziellen Tag, um das zu betonen. Man zeigt es dem anderen jeden Tag." Ich war beeindruckt. Und mir fiel noch mehr auf – dass mein Vater sich tatsächlich jedes Jahr eher an den Tag erinnerte, an dem er ihr zum ersten Mal begegnet war, als dass er Valentinstag beging.

Valentinsbriefe in der Schule? Oje, das wäre undenkbar gewesen! Einige meiner kleinen Freundinnen erhielten während der Schulstunden gefaltete Quadrate aus Karopapier, die verstohlen von einem Ende des Klassenzimmers zum anderen geschickt worden waren (und man ließ sich besser nicht dabei erwischen). Wie wir uns in der Pause um die Mädchen drängten, um die üblicherweise ungeschickt geschriebene Note „Ich liebe Dich. Liebst Du mich auch?" zu lesen! Wir kicherten darüber, und es machte uns auch ein bisschen eifersüchtig – aber wir waren auch froh, nichts dergleichen unseren Eltern berichten zu müssen. Ein Valentinsbrief an jemanden? Welch peinlicher Gedanke!

Natürlich ändern sich die Zeiten, und später, in meinen Zwanzigern, hätte ich gern zuweilen ein Valentinchen erhalten. Es geschah nie. Aber meine Freundinnen bekamen auch keine. Man hörte nur ganz vage davon. Oder man las davon in Romanen oder sah es in Hollywood-Filmen. Oder man sah Männer nach der Arbeit ins Blumengeschäft hasten, um der Ehefrau rote Rosen zu kaufen. Ich erinnere mich, dass ich einmal einem meiner Kollegen begegnete, der mich bat, ihm mit ein paar Mark auszuhelfen – die Blumenpreise hatten sich seit der Ladenöffnung am Morgen bis zum späten Nachmittag, als die Ehemänner eintrudelten, mehr als verdoppelt. Das nenne ich romantisch …

In meinen Dreißigern hatte ich das Privileg, eine Messe im englischen Birmingham zu besuchen. Das geschah über ein Valentinswochenende. Ich war in einem schicken Hotel nahe der aufwändig restaurierten Canalside untergebracht, und die ganze Stadt hatte ihr Bestes getan, sich für den Abend dieses Valentin-Samstags zu schmücken. Als ich mein Zimmer betrat, fand ich ein Geschenk der Hotelleitung vor. Eine CD mit wunderschöner Lounge-Music (die ich behielt und der ich heute noch lausche), eine nach Rose duftende Kerze (die ich anzündete, und dann wurde der Feueralarm ausgelöst – wie sich herausstellte, war es nicht meine Schuld gewesen, sondern die eines Küchenbrands in einem der unteren Stockwerke), und eine Flasche Massageöl. Verstehen Sie mich jetzt nicht falsch. Ich wusste die CD sehr zu schätzen, und ich habe Kerzen immer geliebt. Aber wenn man ein Single ist –

19

verübeln Sie mir nicht das Wortspiel! – reibt nichts so viel Salz in die Wunde dieser schmerzlich bewussten Tatsache wie eine Flasche Massageöl. Ich fragte mich, wie jemand, der den Valentinstag ernster als ich nimmt, sich fühlen würde, wenn er oder sie an diesem Tag keinen Valentinsbrief in der Klasse erhielte, nicht genügend Geld für Geschenke wie Blumen, ein schickes Abendessen oder gar einen Verlobungsring besäße oder keine solchen Gaben erhielte.

Heute lebe ich in einer Nation, die den Valentinstag zelebriert, und die Läden dekorieren dafür schon gleich nach Weihnachten (Ja, tatsächlich!). Ich glaube, mein Mann und ich haben diesen Unfug mit Ballons, Blumen und einem Restaurantessen zweimal betrieben. Dann hatte ich genug davon. Denn ich liebe Blumen, aber ich möchte sie nicht, weil man das an einem bestimmten Tag so hat. Ich gehe gern aus – aber ich fühle mich nicht gern gehetzt und bedrängt und sehe ungern Leute in einer Warteschlange. Ich bekomme Blumen. Ich werde ausgeführt. Ich erhalte das ganze Jahr hindurch tausend Beweise, große und kleine, dass ich meinem Ehemann etwas bedeute. Es kann so nützlich sein wie eine Reparatur, etwas so Prosaisches wie gemeinsames Gemüsepflanzen oder so etwas Romantisches wie das Umstimmen seiner Gitarre, damit er mir mein Lieblingslied spielen kann. Umgekehrt versuche auch ich dafür zu sorgen, dass er nicht nur der Geber, sondern auch der Empfänger ist. Deshalb ist Valentinstag für uns nur ein hübsch gedeckter Tisch und ein unterhaltsames, ganz besonderes selbstgekochtes Abendessen.

In meiner Kindheit in Deutschland dachte ich manchmal, dass meine Mutter sich um etwas brachte, wenn sie keine Blumen an Valentinstag wollte (und übrigens auch nicht an Muttertag). Heute denke ich wie sie. Und inmitten des ganzen Wirbels um den 14. Februar will ich weder Blumen noch Extra-Geschenke als Liebesbeweise. Weil ich es ja einfach auch so weiß …

Ostern

Die Passionszeit und Ostern sind in meiner Familie immer etwas Besonderes gewesen. Obwohl wir nicht so weit gegangen wären, dass wir gefastet hätten, verbrachten wir die Woche vor Ostern ohne jegliche Süßigkeiten, und Karfreitag and Karsamstag waren fleischlos. Kirchgänge – in lutherischen Gemeinden – standen im Zentrum der Aktivitäten. O, und wir hatten immer zwei Wochen Schulferien. Uns machte ersteres „Programm" nichts aus, wir liebten letzteres.

Gründonnerstag war für gewöhnlich der Vorbote, und ist es in vielen deutschen Haushalten immer noch, mit einem Gericht von Spinat, Eiern und Kartoffeln – fragen Sie mich nicht, warum. Als Kind hasste und liebte ich es gleichermaßen. Irgendwie „läutete" es die beiden noch bevorstehenden Passionstage ein. Ich erhalte diese Tradition immer noch aufrecht, und meinem Mann macht es nichts aus.

Karfreitag und Ostern sind die größten christlichen Feiertage in Deutschland, obwohl die meisten glauben, das sei Weihnachten. Es sind zugleich gesetzliche Feiertage; während meiner Kindheit waren an diesen Tagen die Kirchen gut besucht – heute nicht mehr so sehr. Ich habe übrigens die Bedeutung des englischen „Good Friday" nahgeschlagen, weil mir das Wort „gut" eine merkwürdige Wahl für die zugrundeliegende Geschichte schien. Tatsächlich bedeutete seinerzeit „good" so viel wie Gott. Nunja, es ist nicht einfach hierzulande, an diesem Tag Gottesdienste zu finden.

Die ersten Karfreitage, deren ich mich entsinne, als wir noch in Steilacoom wohnten, erlebte ich einmal einen echten Gottesdienst, und später wandelte sich das Ganze in eine offene meditative Kirche. Nicht schlecht, aber irgendwie weit entfernt von einer Predigt und dem Singen all der uralten Kirchenlieder. Dieser Unterschied fällt mir als gebürtiger Deutschen am meisten auf, wenn ich dann das Gebäude verlasse und wieder in den Trubel eines ganz gewöhnlichen Geschäftsalltags eintauche.

Ich gebe zu, dass ich die Stille eines deutschen Karfreitags vermisse. Selbst das Fernsehprogramm jener Zeit war gedämpft zu biblischen Filmen, Bach-Oratorien und ernsten Dokumentationen. Discos waren zwei Tage lang geschlossen. Und in vielen deutschen Haushalten stand Fisch auf dem Speiseplan. Meine Mutter pflegte einen ganzen Kabeljau zu dünsten und ihn mit gekochten Kartoffeln, einer üppigen süßsauren Senfsauce und einem Salat aufzutischen. Das klingt nach einem einfachen Gericht, aber es brauchte Stunden der Zubereitung und wurde seltener und seltener, weil man später einfach keinen ganzen Kabeljau mehr finden konnte. Ich frage mich, ob es eine Folge des Bequemlichkeits-Einkaufs ist, der im Lebensmittelgeschäft alles in Richtung Filet getrieben hat, oder ob Kabeljau schlicht nicht mehr so einfach erhältlich ist.

Nach zwei Tagen der Stille (der Samstag nach Karfreitag ist in Deutschland ein ganz normaler Geschäftstag), genießen die Deutschen zwei weitere Feiertage – Ostersonntag

23

und Ostermontag. In meiner Familie stand am Ostersonntag-Morgen Kirche auf dem Programm. Nicht der Gottesdienst bei Sonnenaufgang, sondern der spätere. Da hatten wir Kinder bereits unsere Ostereiersuche hinter uns und waren ziemlich vollgestopft mit Schokoladeneiern, Fondant-Hühnern und Zuckereiern. Da wir keinen Garten besaßen und Kirchen keine Ostereiersuche für ihre Gemeinden organisierten, war unser Wohnzimmer der Jagdgrund. Das klingt nach beengtem Raum, aber die Vielfalt der Verstecke war überaus unterhaltsam. Ich erinnere mich an eine Ostereiersuche im Haus meines Patenonkels, als wir vergebens nach einem hartgekochten Ei suchten. Es tauchte zwei Wochen später in einer großen Bodenvase auf. Es gab keine großen Ostergeschenke damals, außer vielleicht einem gravierten Füllfederhalter für einen künftigen Erstklässler. Ach, welch glückliche Erinnerungen!

Dieser Tage sehe ich viele Oster-Süßwaren in den US-Geschäften, sogar deutsche Marken. Vielleicht kaufe ich welche, vielleicht auch nicht – wir sind keine großen Süßig-keiten-Esser, und je älter man wird, desto mehr bereut man die Extrapfunde, die man wieder abarbeiten muss. Ich sehe auch diese großen mit Geschenken und Süßigkeiten befüllten, pastellfarbenen Körbe. Ich frage mich – nehmen die Leute sie auseinander und verstecken dann ihren Inhalt separat? Oder stellen sie den Korb einfach vor das erwartungsfrohe Kind? Wie auch immer – Osterhasen, die Eier verstecken, sind eine Kuriosität, die mein altes wie auch mein neues Zuhause

24

gemeinsam zu haben scheinen. Auch wenn jetzt der Alltag ganz normal während der Feiertage weitergeht.

Maifeiertag

Wenn Sie am 30. April einen Ihrer deutschen Mitarbeiter oder Freunde etwas rastlos vorfinden, dann könnte dies am Zeitpunkt liegen. In Deutschland feiert man Walpurgisnacht und den 1. Mai ganz groß ... und hier gar nicht. Es sei denn man lebt in einer Gegend, in der deutsche Traditionen hochgehalten werden. Ich vermute – nicht so sehr in Western Washington.

Seinerzeit an meinem letzten Wohnort in Deutschland half ich beim Aufstellen des Maibaums neben dem Rathaus unseres Vororts. Es war ein langer entasteter Fichten- oder Kiefernstamm, am oberen Ende geschmückt mit allen Gildesymbolen und einem bebänderten Kranz, der das farbenfrohe Schaustück krönte. Die Feuerwehr transportierte den Baum. Alljährlich war es ein atemberaubendes Spektakel, denn die zu bezwingenden Winkel zwischen den Nachbarhäusern verlangten dem Zugwagenfahrer einiges an Rangierkünsten ab, bevor der Baum eingelocht werden konnte. Für gewöhnlich halfen die Zuschauer, indem sie an den Seilen zogen, bis der Baum aufrecht und sicher stand.

Anschließend wurde ein kleiner Jahrmarkt eröffnet – Stände mit regionalen Spezialitäten und allen möglichen Getränken sowie ein Biergarten für jedermann. Keine Altersbegrenzung. Pommes und Burger essende Kinder neben Erwachsenen, die Steaks verzehrten und ein Glass Wein oder Bier tranken. Für gewöhnlich spielte eine Blaskapelle oder ein

DJ legte auf, und die Menschen tanzten auf der Straße bis spät in die Nacht.

Der 1. Mai ist ein Feiertag in Deutschland und wird auch Tag der Arbeit genannt. Gewerkschafter nutzen ihn zu Demonstrationen. Der Rest der deutschen Bevölkerung feiert den gefühlten echten Frühlingsanfang. Mit Wanderungen, Feiern im Biergarten, einem Glas Maibowle, einer interessanten Mischung aus Waldmeister und Sekt.

Nur eine Minderheit hält an den dunkleren Wurzeln des Maifeiertags fest. Walpurgisnacht ist eine Nacht, in der angeblich die Hexen zum Brocken reiten (einem echten Berg in der Harz-Region). Tatsächlich feiern manche Menschen am Brocken selbst. Andere stellen Unfug an, indem sie Gartentore aus den Angeln heben oder Gartenmöbel an die verrücktesten Orte befördern. Es geht nicht um Zerstörung oder Diebstahl; man spielt anderen nur einen Streich. Trotzdem sollte man am Abend des 30. April sichergehen und alles Bewegliche ins Haus bringen.

Es gibt noch einen Brauch in dieser Nacht – man(n) pflanzt einen kleinen Maibaum in die Nähe seiner Liebsten und erklärt sich ihr damit. Einmal war das so für eine meiner Schulfreundinnen gedacht, und sie fand das erst einen Tag nach dem Maifeiertag heraus. Ihr waghalsiger Verehrer hatte irgendwie das erste Stockwerk eines Mehrfamilienhauses erklommen und eine geschmückte kleine Birke auf dem Balkon aufgestellt, in den er eingedrungen war. Allerdings gehörte der

27

Balkon einer alten Dame, die entzückt darüber war, dass ihr jemand auf diese Weise Tribut zollte.

Ach, Walpurgisnacht und Maifeiertag – mich kribbelt es, noch einmal beim Aufstellen eines Maibaums dabei zu sein und ein Bad in der Menge zu nehmen, unter wildfremden Leuten zu sitzen und grässlicher Blasmusik zuzuhören, nur weil es dazugehört. Eine schwäbische Wähe zu kauen und ein Glas regionalen Trollingers zu trinken. Zu Songs der 80er zu tanzen, wenn die Sterne dann draußen sind.

Ich weiß noch, wie ich in solchen Nächten nach Hause gelaufen bin, beschwingt und doch Unfug befürchtend. Und wie ich andern Morgens aufwachte, und es fühlte sich wie richtiges Frühjahr an, endlich, selbst wenn es in Strömen regnete und kalt war. Irgendwie steckt der alte heidnische Germanengeist wohl doch noch in mir … wenn auch nur für einen winzigen Augenblick.

Feuerwerk

Es ist wieder einmal soweit – bald beginnt überall der Feuerwerksverkauf für Independence Day. Moment, nicht überall – meist nur in den Indianer-Reservaten. Und der Besitz ist auch beschränkt. Dieses Konzept ist mir nicht ganz fremd. In meiner deutschen Vergangenheit gab es dazu auch Beschränkungen.

Natürlich wird auch in Deutschland Feuerwerk mit großen Ereignissen assoziiert. Wie mit einem Stadtfest – oder einem, das dem Feuerwerk an sich gewidmet ist, wie das Lichterfest in meiner Heimatstadt. Das größte nationale Feuerwerksereignis, das einem in Deutschland einfällt, ist übrigens Silvester. Der Feuerwerksverkauf beginnt drei Geschäftstage vor der Jahreswende. Das ist alles. Als Einzelhändler muss man das Gemeindeamt informieren, und man darf nur speziell zertifiziertes Feuerwerk verkaufen. Selbst Tankstellen verkaufen es – das mag seltsam erscheinen, aber sie verkaufen ja auch Feuerzeuge. Supermärkte bieten riesige Packungen mit farbenfrohen Raketen und Bodenfeuerwerk an. Kinder unter 18 Jahren sollten nichts davon kaufen dürfen, aber ich bin mir nicht sicher, wie streng das kontrolliert wird. Und man darf es nur an Silvester und am Tag danach abbrennen. Das ist alles. Ich vermute, dass alle diese Restriktionen einer der Gründe dafür sind, warum deutsches Silvesterfeuerwerk so intensiv und lang ist. Das letzte, das ich 2009 erlebte, begann gegen 22 Uhr, gipfelte um Mitternacht mit einer Stunde extremer Entfaltung und verlief sich dann langsam gegen 3 Uhr früh. Es war überwältigend, und seither habe ich nichts Vergleichbares mehr gesehen.

Hierzulande öffnen Feuerwerksmärkte in den abgelegenen Reservaten eine Zeitlang vor dem 4. Juli – sogenannte „Alleys", die aus Buden bestehen und oft ein paar Stände mit Essen und Getränken bieten. Es ist die farbenprächtige Zurschaustellung eigentlich nur eines Artikels in zahllosen Varianten. Es ist verwirrend. Und man sollte herausfinden, ob man überhaupt Feuerwerk besitzen darf, bevor man welches kauft. In unserem früheren Zuhause gab es hohe Geldstrafen selbst nur für die Aufbewahrung. Jetzt leben wir in einer etwas nachsichtigeren Gegend, aber wir verstehen auch, warum es so wichtig ist, einen Wasserschlauch in der Nähe eines Feuerwerk-Events zu haben. Vor ein paar Jahren ging in unserer Nachbarschaft ein trockener Rasen in Flammen auf, und es war pures Glück, dass in jener Sommernacht jeder draußen war. Denn es gab keinen Wasserschlauch in der Nähe, und wir mussten eine Eimerbrigade bilden. Das damals leerstehende Haus auf dem Grundstück war nie wirklich in Gefahr, aber der Rasen, schwarz und verschwunden, sprach den Rest des Sommers für sich.

Mein erstes Feuerwerk an einem 4. Juli war herrlich, auch wenn es nur etwa 20 Minuten dauerte. Seine Organisatoren hatten offenbar geplant, dass jede Rakete für sich bewundert werden sollte – und man konnte die eine verglimmen sehen, bevor die nächste aufstieg und das Wasser des Sundes mit spektakulären Spiegelungen färbte. Mir gefiel, dass es so langsam getaktet war. Es war überaus genussvoll. Aber es war auch viel zu schnell vorüber.

Vergangenes Jahr fuhren wir zu Silvester an die Pazifikküste. Wir hatten eine Menge Feuerwerk dabei. Und wir machten uns eine Stunde vor Mitternacht auf den Weg an den Strand. Es war richtig kalt, und es war windig. Der Strand war fast leer außer ein paar Leuten mit einer ähnlichen Idee. Als wir unser kleines Feuerwerk entzündeten (und bevor Sie danach fragen – wir räumen danach immer auf!), sahen wir das bunte Blinken von Schiffen am Horizont. Ich musste an all jene denken, die in dieser Nacht arbeiten mussten, anstatt mit ihren Familien zu feiern. An all jene, die GPS- und Radarmonitore beobachten und sich ums Geschäft kümmern mussten, anstatt sich eines Feuerwerks zu erfreuen und vielleicht eines Glases Champagner. Und ich fragte mich, ob sie unsere kleinen, verstreuten Feuerwerke am Strand überhaupt würden sehen können. Vorletztes Jahr übrigens schliefen wir einfach durch die Silvesternacht. Es gibt so wenig sehenswertes Silvesterfeuerwerk hier. Vielleicht weil es zwei jährliche öffentliche Feuerwerks-Events gibt, nicht nur ein einziges großes wie in meinem Geburtsland.

Ich liebe es, Feuerwerk anzuschauen, obwohl ich den Lärm absolut nicht mag. Dieser Tage gibt es lautloses Feuerwerk, und ich hoffe, es wird gebräuchlicher. Ich verstehe nicht, warum manche Leute nur diese extremen Kracher entzünden. Ich frage mich, was es in Menschen anrichtet, die im Krieg gewesen sind. Und ich fühle ganz sicher mit allen wilden und Haustieren, die in solchen Nächten außer sich sein müssen.

Ja, ich bin hinsichtlich Feuerwerks zerrissen. Aber am Ende füllen sich meine Augen mit Tränen, wenn eine besonders prächtige Rakete den Himmel mit einer Pusteblume erfüllt, in lavaähnlichen Kaskaden herabströmt und in einem Regen glitzernder Funken verglüht.

Deutsche Oktoberfeste

Oktober und Fest verbinden sich in jedermanns Kopf ziemlich gut, nicht wahr? Sie gehen einher mit deutschem Bier, Bratwurst, Brezeln, Dirndln, Lederhosen, und Blasmusik. Sie mögen jetzt ans Münchner Oktoberfest denken. Importieren wir's in den Pacific Northwest, und Sie haben es authentisch hier. Nur … Sie wünschten, es wäre so.

Selbst für viele Deutsche ist das Münchner Oktoberfest so zum Klischee geworden, dass sie es den Touristen überlassen, den VIPS und den Möchtegernen, die es in die Klatschpresse schaffen wollen. Meine Heimatstadt Stuttgart richtet ab Ende September ein ähnliches Ereignis aus (mit einer kaum kleineren Zwillingsversion im Frühling) – aber der Charme, den es in meiner Kindheit besaß, ist längst verloren gegangen. Dieser Tage dreht sich alles um das verrückteste Fahrgeschäft und das Tanzen auf Tischen und Bänken in den Bierzelten. Ich war dabei, habe mitgemacht und habe mich wohlgemut davon zurückgezogen. Oktoberfeste diesen Kalibers sind nicht mein Ding.

Aber es gibt andere Oktoberfeste, die es sehr wohl sind. In Deutschland dreht sich nicht alles im Oktober um Bierfeste. Zum einen ist mein Geburtsland – so wie Washington State – ziemlich groß, wenn auch leider unterschätzt hinsichtlich seiner hochwertigen Weingüter. Weinregionen wie Baden, Württemberg, die Pfalz, Mosel, Rhein, Saar, Saale, Unstrut oder Franken (und sehen Sie's mir nach, wenn ich eine Region vergessen habe!) feiern wundervolle Weinfeste in ihren romantischen Dörfern und Kleinstädten. Für gewöhnlich werden sie mit Bannern angekündigt, die über die Hauptstraßen gespannt sind and mit von Giebel zu Giebel reichenden Wimpeln quer durch den Ort. Der Marktplatz, üblicherweise im Ortszentrum mit Kirche, Rathaus und oft der örtlichen Feuerwache, wird in eine Ansammlung von Buden unterschiedlichster Couleur und Dekoration verwandelt, mit einem Musikpodest und hunderten einfacher Bänke und Tische.

Keine Eintrittsgelder, keine Sperrgebiete für jene, die alkoholische Getränke genießen möchten. Vielleicht muss man Pfand für sein Glas bezahlen – man darf das Glas behalten, wenn man mag; man kann es auch zurückgeben und erhält sein Pfand zurück. Man holt sich sein Essen, sein Getränk, man fragt, ob der Platz, den man haben möchte, frei ist, und setzt sich dann neben irgendjemanden. Sie sind fremd in der Stadt? Bald werden Sie mitten in einen freundlichen Plausch in lokalem Dialekt verwickelt sein. Sie werden viel länger bleiben, als Sie ursprünglich geplant hatten. Sie werden lokale, ofenfrische Spezialitäten genießen, Gegrilltes oder dampfende Aufläufe.

Alter spielt keine Rolle; das Gesetz verbietet Anbietern nur, Minderjährigen Alkohol auszuschenken. Kinder dürfen aber neben Ihnen sitzen, während Sie Ihren Wein oder Ihr Bier trinken. Die Feste dauern oft bis Mitternacht, in Scheunen oder anderen Gebäuden oft sogar länger. Je nach Region sehen Sie vielleicht unterschiedliche Trachten (wenn überhaupt). Vielleicht hören Sie Akkordeonmusik (nicht jedes

Oktoberfest spielt Blasmusik) oder aktuelle Popmusik. Vielleicht erleben Sie Volkstänze oder Disco. Manche Oktoberfeste bieten eine Tombola, ein Karussell, Boxautos und Schießbuden. Aber hauptsächlich geht es um gute Nachbarschaft, während man mit Speis und Trank die jährliche Ernte feiert. Jedes Dorf ist ein neuer Hintergrund für ein Oktoberfest, sei es Wein, Bier, Kraut, Kartoffeln oder anderen Feldfrüchten gewidmet.

Als gebürtige Deutsche bevorzuge ich authentische Washingtoner Herbstfeste in Washington State. Ihr Ambiente lässt sich ebenfalls nirgendwo anders reproduzieren. Ich liebe meine Apple Squeezes. Ich würde auch Weinfeste im Oktober lieben – ich stelle mir ein paar köstliche Washingtoner Gerichte vor, serviert zu einem frischen Wenatchee Riesling oder einem weichen Columbia River Merlot. Leider ist mir hier noch kein Oktober-Weinfest begegnet. Wenn Sie eines in Washington State kennen, lassen Sie's mich bitte wissen? Ich würde mich bestimmt neben Ihnen auf die Bank fallen lassen, wenn es Sitzgelegenheiten gäbe.

31. Oktober

Nächster Dienstag ist ein rot markierter Tag im Kalender für viele amerikanische Kinder. Sie haben vermutlich seit Wochen überlegt, welches Kostüm sie tragen werden. Manche werden auf Partys gehen. Manche werden auf altbewährte Weise von Tür zu Tür wandern. Einige werden im sicheren Umfeld einer örtlichen Kirche „Trunk or Treat" erleben. Den Rest der Woche werden sie vermutlich mit Bauchweh und liebevollen Erinnerungen an diese eine Nacht des „Trick or Treat" verbringen. Achja, Halloween!

Die meisten Menschen genießen diesen besonderen Tag. Selbst wenn sie nur die Sorte Erwachsener sind, die Reese's verteilen in der Hoffnung, dass dieses Jahr mehr Kinder an der Tür auftauchen als Mütter, die nach Süßigkeiten gieren, ahnungslose Kleinkinder im Arm. Dass sie genügend Leckereien für alle haben. Und dass niemand an ihrer Tür klingelt, wenn sie schon zu Bett gegangen sind.

Wo ich herkomme, hat Halloween gar keine Tradition. In den späten 1990ern kam es auf und in Mode, und ein paar Kinder zogen tatsächlich umher zu „Trick or Treat". Aber zumeist war es eine weitere Möglichkeit für junge Erwachsene, in schockierendem Kostüm Partys zu feiern. Eher so wie die ausgefallensten Hollywood Horrorfilm-Partys. Deutsche haben eine vage Vorstellung, dass das Ereignis aus einem englisch-sprachigen Land kommt. Die wenigsten würden es mit Druiden und dem keltischen Samhain-Fest in Verbindung bringen, und sie wären nicht in der Lage zu erklären, was eine wabernde

36

Kerze in einem Kürbis mit dem Abend vor Allerheiligen zu tun haben soll. In einigen Regionen hat sich die Modeerscheinung wieder gelegt, in anderen dauert sie an.

In meiner Kindheit hatte der 31. Oktober eine ganz andere Konnotation und war, soweit ich mich erinnere, sogar ein Feiertag. Dieses Jahr [2017] wird er ganz besonders groß begangen. Vor 500 Jahren schlug in der hübschen Kleinstadt Wittenberg in Thüringen ein Rebell gegen katholische Kirchenpraktiken wie den Ablassverkauf 95 Thesen an die Tür der größten Kirche der Stadt. Martin Luther, damals 34 Jahre alt, verursachte eine grundlegendende Diskussion über den christlichen Glauben und öffnete mit seiner Kritik den Pfad für das Zeitalter der Aufklärung. Indem er für seinen Glauben aufstand, riskierte er sein Leben. Was bleibt, ist lutherischer Protestantismus und eine Reihe anderer protestantischer Kirchen. Wir gingen an jedem Reformationstag zur Kirche, um dieses Ereignisses zu gedenken.

Heute denke ich, dass es ein cleverer Schachzug des ehemaligen Mönchs war, seine Gedanken an einer gut besuchten Kirche am Abend vor Allerheiligen zu veröffentlichen, denn jeder Kirchgänger in Wittenberg würde diesen Protest mit Sicherheit wahrnehmen. Ich kann mir nur ausmalen, welch ein Erdbeben die Gemeinde erschütterte, die gekommen war, um für ihre Verstorbenen zu beten. Nicht jeder konnte damals lesen. Das Wort verbreitete sich also langsam. Was üblicherweise ein stiller Gottesdienst gewesen wäre, nun würden die Menschen geflüstert und die Botschaft weitergegeben haben. Von dort aus würde es die ersten Drucker erreicht haben – Lucas Cranach der Ältere war einer von ihnen und ist auch dafür bekannt, Luther gemalt zu haben. Er war einer der besten Werbeagenten im Widerstand gegen die Kirche von Rom.

Heute wird der Reformationstag kaum noch gefeiert. Mit Ausnahme seines 500. Jahrestags in diesem Jahr. Der Tag danach, Allerheiligen, ist in Deutschland kirchlicher wie gesetzlicher Feiertag. Katholische Familien werden zu den Friedhöfen pilgern und Andachtskerzen auf den Gräbern ihrer Lieben anzünden. Wie man sieht ist es eine ernsthafte Angelegenheit, egal ob man Katholik oder Protestant in Deutschland ist.

Da ich jetzt hier in Western Washington lebe, nehme ich natürlich an Halloween teil. Es wird einen „Pumpkin Walk" im Steilacoom Historical Museum geben, den ich ganz sicher an dem Tag besuchen werde. Und mein Mann und ich werden durch unsere Fenster spähen und schauen, ob ein paar Trick-or-Treater an unserer Einfahrt vorbeikommen, um ihnen Süßigkeiten zuzustecken. Aber zusätzlich wird der Lutheraner in mir die religiöse Revolution feiern, die an dem Tag losgetreten wurde. Ernsthaft und sehr still.

Tag des Waffenstillstands

Diesen Sonntag gedenken wir des Endes des Ersten Weltkriegs, des Tags des Waffenstillstands. „Wir", also jene, die sich noch an Menschen erinnern, die ihn durchlebten. Denn seither ist er durch so viele Kriege überschattet worden, die uns stärker berühren. Und die Generation, die zu Beginn dieses Jahrhunderts geboren wurde, ist sich dessen vielleicht gar nicht mehr bewusst, was damals geschah. Was in Europa ein Gedenktag für die Kriegsopfer ist, Kriegsteilnehmer wie Zivilisten, ist in den USA „Veterans Day" für all jene, die im Militär dienen oder gedient haben – was die Unterscheidung zwischen beiden etwas erschwert.

Ehrlich gesagt spielte der Erste Weltkrieg in unserem Geschichtsunterricht immer eine geringere Rolle als der Zweite Weltkrieg in allem, mit dem meine Generation konfrontiert wurde. Einfach aus dem guten Grund, dass Deutschland so eine furchtbare Rolle in letzterem spielte. Erster Weltkrieg – woran sich die meisten von uns erinnern, ist vermutlich, dass irgendein österreichischer Kronprinz im Balkan ermordet wurde und dass aus welchem Grund auch immer Pakte zwischen verschiedenen Nationen aktiv wurden, was in einem ungeheuerlichen Blutbad endete. Wir kennen den Auslöser. Wir haben vergessen, was die schwelenden Gründe waren, die dahin führten. Wir wissen um die Verwüstung Flanderns. Wir wissen wenig über die Familien, die hinter der Front zurückblieben. Was die Briten den „Großen Krieg" nannten, hat in Deutschland keinen solchen Namen. Vermutlich, weil uns so wenig blieb. Was einer der Gründe für Deutschlands Begierde wurde, einen weiteren Krieg zu gewinnen. Ich hoffe doch, dass die Politiker dort heute weiser sind. Seinen letzten Krieg gewann Deutschland 1871 – das einzig bleibende Ergebnis war die Vereinigung zahlreicher deutscher Königreiche zu einer deutschen Nation. Und ich verstehe nicht, warum man dazu Frankreich bekriegen musste, um das zu erreichen.

Am 11. November 1918 um 11 Uhr wurde im französischen Compiègne der Waffenstillstand erklärt. Neun Millionen Streitkräfte und sieben Millionen Zivilisten waren umgekommen. In ganz Europa findet man Mahnmale für die Gefallenen. Als ich ein Kind war, verkauften Veteranen des Zweiten (!) Weltkriegs Mohnblumen in meiner Geburtsstadt – ich hatte keine Ahnung, was es damit auf sich hatte. John McRaes Gedicht über Flandern ist den Deutschen nicht geläufig, ganz einfach, weil es in einer Fremdsprache geschrieben wurde. Nach den späten 70er Jahren bin ich keinen deutschen Mohnblumenverkäufern mehr begegnet. Und sagte ich schon, dass ich meine Magisterschrift über Romane des Ersten Weltkriegs geschrieben habe, die kaum jemand außerhalb seiner Muttersprache kennt – Bücher von Faulkner, Remarque, Ford und Barbusse?

Ich bin zumeist mit Geschichten des Zweiten Weltkriegs aufgewachsen. Das heißt mit solchen, die für mich zuordenbar waren. Und natürlich lasen, sahen und hörten wir Tatsachen, Biografien und Memoiren zuhauf. Ich war es gewohnt, Veteranen mit leeren Ärmeln und amputierten Beinen zu sehen. Erst spät in den 90ern fiel mir auf, dass die meisten von ihnen plötzlich verschwunden waren. Die Generation der Kriegsveteranen verstarb ganz einfach. Deutschland sah wieder gesund aus. Wir schreckten vor allem Militärischen zurück. Wir machten den obligatorischen Wehrdienst für junge Männer zu etwas Freiwilligem. Deutschland schien seine Lektion nach zwei globalen Kriegen gelernt zu haben.

Es ist merkwürdig, welchen Einfluss diese beiden Riesenkriege auf uns noch heute haben. Ich meine auf einer wirklich persönlichen Ebene. Fragen Sie sich einmal, wo Sie heute wären, wenn der Erste Weltkrieg nicht stattgefunden hätte – und demzufolge auch kein Zweiter Weltkrieg. Ich würde vermutlich in einer schlesischen Kleinstadt leben (weil ich Kleinstädte liebe), wenn ich überhaupt geboren worden wäre. Gäbe es infolge des Zweiten Weltkriegs keine amerikanische Präsenz in Europa, wäre ich meinem Mann nie begegnet, wäre nie nach Western Washington gekommen und hätte nie meine Staatsbürgerschaft geändert.

Waffenstillstand ... das Ende des Gebrauchs von Waffen gegen einander. Wenn irgendetwas am „Großen Krieg" groß war, dann waren es diese Momente der Übereinkunft. Nicht nur das bittere Finale mit so vielen Opfern auf allen Seiten. Ich denke gern an solche Momente, wenn nicht geschossen wurde, weil man die Verwundeten barg. Und am denkwürdigsten an jenen Waffenstillstand, als Weihnachten die Kämpfer über die Gräben hinweg verband.

Waffenstillstand. Vielleicht sollten wir in unseren kleinen Alltagskämpfen einfach die Tatsache würdigen, dass jeder seine eigenen kleinen Waffenstillstände schaffen kann. Und was, wenn wir erst gar nicht unsere Hand gegen einander erhöben außer mit der Absicht, einander zu umarmen? Vielleicht ist es das, was ich von den Geschehnissen vor 100 Jahren für mich mitnehme.

Ein Pilgerfest

Thanksgiving ist eines jener wundervollen Feste, die eine erfolgreich abgeschlossene Ernte feiern. Die alten Griechen hatten solche Feste, ebenso die Römer, und ich bin mir ziemlich sicher, dass jede Gesellschaft mit Ackerbau und Viehzucht ein neuerliches Jahr erfolgreicher Landwirtschaft nach Abschluss eines Zyklus' feiert.

In Deutschland wird Erntedank im Frühherbst gefeiert, am Sonntag nach St. Michael. Kirchenchöre und -altäre werden mit Früchten und Gemüsen geschmückt, und alle Kindergärten sind in ihren Kirchen präsent. Dieser Tage ist es ein Familiengottesdienst mit Kindervorführungen im Mittelpunkt. Was auch heißt, dass man dank eines Mangels an Disziplin oft Zeuge von Geschrei und Herumgerenne wird. Deshalb ging ich an deutschen Erntedank-Sonntagen meist lieber ausgiebig spazieren und betrachtete die abgeernteten Felder rund um unsere Vororte. Meist gab es immer noch ein paar Felder voller Kohl, Kürbisse oder später Gartenblumen. Ich sagte meinen kleinen privaten Dank dort in aller Stille.

Im Vergleich dazu wird mein allererstes amerikanisches Thanksgiving wohl immer als mein denkwürdigstes herausragen. Es fand in keinem privaten Zuhause statt. Und es fand überhaupt nicht in den USA statt, sondern in England, wo der Mann, den ich einmal heiraten würde, damals stationiert war. Er hatte eine winzige Baptistenkirche in der Stadt Brandon in East Anglia als sein spirituelles Zuhause gewählt und mich gebeten mitzukommen

43

und an jenem ganz besonderen Tag im November vor zehn Jahren seine Gemeinde kennen zu lernen.

Ich weiß noch, es war ein eiskalter Abend, und der Raum hinter der unscheinbaren kleinen Kirche war warm und gefüllt mit Menschen. Da waren eine Menge Kinder jeglichen Alters, alle wohlerzogen, die miteinander spielten oder bei ihren Eltern blieben. Der Pastor und seine Frau deckten die Tische und stellten das Buffet auf. Jeder fand für sich eine Aufgabe, um zum Abendessen beizusteuern, das wir miteinander teilen würden. Ich war stolz darauf, Brownies mitgebracht zu haben, die wir am selben Morgen gebacken hatten.

Es war gar kein Problem, dass ich niemanden kannte. Ziemlich schnell war ich inmitten der fröhlichsten Unterhaltung mit Jung und Alt. Ich war erstaunt, dass ganze Familien mit drei Generationen lieber hier in der Missionskirche als daheim feierten. Da erkannte ich, dass der ursprüngliche christliche Pilgergeist in Amerika noch immer ziemlich lebendig ist.

Wir saßen an langen Tischen mit Menschen, die wir nicht wirklich kannten. Aber durch unseren Glauben fühlten wir uns einander verbunden. Die Kälte draußen und die Wärme drinnen gaben uns das Gefühl der Geborgenheit einer Herde. Und das Teilen des Abendessens war ähnlich dem jener biblischen Mahlzeiten, wo viel übrigbleibt, weil jeder Sorge trägt, etwas für seine Brüder und Schwestern übrigzulassen.

Das Buffet verdeutlichte, wie wunderbar wir genährt werden und welche Vielfalt an Gerichten man aus denselben

Grundzutaten kreieren kann. Gebet und historische Erinnerung rundeten diesen tiefernsten, jedoch auch heiteren Anlass ab. Wir wussten ganz bestimmt, was wir an jenem Abend feierten.

Ich muss zugeben, dass ich die amerikanische Version des Erntedanks sofort so viel mehr als die deutsche mochte. Vielleicht verleiht ihr die Geschichte dahinter so viel mehr besondere Bedeutung. Die schreckliche Not in der Geschichte der Pilgerväter macht es so viel begreifbarer, was es heißt, dank der essbaren Schätze der Natur zu überleben. Ich weiß, dass für viele Menschen Thanksgiving vor allem ein Familienfest mit Bergen von Essen ist. Aber ich schätze vor allem die ernste, doch frohgemut nachdenkliche Variante eines amerikanischen Thanksgiving. So wie jene an einem eiskalten Abend in einer kleinen Missionskirche fern von daheim.

Advent

Ich vermute es ist für Deutsche wie Amerikaner so ziemlich dasselbe – die meisten von uns lieben die Vorweihnachtszeit, auch Advent genannt. Obwohl die meisten von uns sie nicht schon im Sommer in den Läden haben wollen. Advents- und Weihnachtslieder haben ihre Jahreszeit, und in diesem Jahr, wo Thanksgiving fast zwei ganze Wochen vor dem ersten Advent liegt, habe ich ganz gewiss noch keinen Adventsschmuck herausgeholt.

Ich bin in einer Familie aufgewachsen, die Advent ziemlich ernst nahm, und ich erinnere mich dieser Wochen vor Weihnachten mit Wärme. Meine Mutter machte ihren Adventskranz immer aus Tannenzweigen, dekorierte ihn mit roten Kerzen und Bändern und steckte winzige Fichtenzapfen zum Schmuck darauf. Jahr für Jahr sah er gleich aus, und er wurde erst nach Totensonntag auf den Tisch gestellt. Ich habe die Tradition eines selbstgemachten Kerzengestecks aufrechterhalten, aber ich muss gestehen, dass Bastelgeschäfte eine recht großartige Quelle für nichtwelkendes, real aussehendes Immergrün ist und dass meine Dekorationen und Farbschemen sich jedes Jahr ändern. Den Weihnachtsbaum vor einem Adventsgesteck aufzustellen, ist nie auch nur eine Option gewesen.

Natürlich erhielt ich wie jedes andere deutsche Kind an jedem 30. November meinen Adventskalender. An diesem Tag durfte ich das erste der 24 Türchen öffnen. Immer einen Tag vor dem echten Datum würde an Heiligabend keine

Schokolade mehr übrig sein ... was die Bescherung umso aufregender machte. Als Erwachsene habe ich dann die viktorianischen Papierkalender vorgezogen, die immer noch in einem Vorort meiner Geburtsstadt gefertigt werden. Mir gefallen die am besten, die das Motiv hinter dem Türchen nahtlos ins Hauptbild integrieren. Ich hatte nicht erwartet, hier in den Staaten welche zu finden. Aber ich habe eine große Vielfalt gefüllter deutscher Adventskalender in verschiedenen Geschäften um den South Sound gefunden, und der Weihnachtsladen des Steilacoom Historical Museums bietet ebenfalls eine Auswahl dieser wunderschönen Papierkalender an. Es scheint, diese deutsche Tradition hat es auch hierher geschafft.

Genau genommen haben seit den 1980ern viele Deutsche angefangen, ihre eigenen Adventskalender aus unterschiedlichen Materialien und in fantasievollen Stilen selbst zu fertigen. Erst unlängst zeigte eine meiner Freundinnen ihren auf Facebook, eine Reihe von 24 Papiertüten, die liebevoll mit allen möglichen Naturmaterialien geschmückt, ganz leicht mit Gold und anderen metallischen Lacken übersprüht und mit kleinen Überraschungen gefüllt waren. Und ich habe einmal dabei geholfen, 24 kleine Päckchen zu füllen und an eine Wäscheleine zu knoten, die im Haus einer Freundin gespannt werden sollte. Es ist eine fröhliche Tradition, die die Vorfreude von Menschen jeden Alters erhöht.

In vielen deutschen Familien ist Advent nie (nur) eine kirchliche Angelegenheit. Sie versammeln sich an den vier

Adventssonntagen um ihren Kranz oder ihr Gesteck, essen besondere Plätzchen oder andere typische saisonale Spezialitäten. Man liest Geschichten, hört Musik. Unsere Familie saß auch immer zusammen und sang Adventslieder, begleitet vom Gitarrenspiel meines Vaters. Da die meisten Deutschen an Sonntagen nicht arbeiten, haben Advents-sonntage einen besonders festlichen Anstrich. Hier geht das Alltagsleben weiter mit Ungestüm, Lärm, Arbeitsschichten für viele – die Weihnachtsdekorationen drinnen und draußen können nicht darüber hinwegtäuschen, dass Advent keine so große Sache ist.

Es gibt noch eine weitere deutsche Tradition, die von vielen Leuten mit Kindern hierzulande aufrechterhalten wird: Nikolaustag. Das ist der einzige Tag, an dem „Santa" zu deutschen Kindern kommt. An Weihnachten ist es das Christkind, das die Geschenke bringt – eine lutherische Tradition, die es drüben flächendeckend geschafft hat. Der Nikolaus füllt in der Nacht vor seinem Namenstag, dem 6. Dezember, Kinderstiefel an den Wohnungstüren mit Gaben. Dieser Tage fallen die Geschenke wohl grösser und üppiger aus. In meiner Kindheit waren es nur Süßigkeiten und getrocknete Früchte und vielleicht ein selbstgemachtes süßes Hefegebäck in der Form eines Mannes, der den Nikolaus symbolisiert. Meine Mutter machte für mich stets eine bezopfte Frau mit einem Rock.

Ich schätze mich glücklich, dass sich in der Adventszeit meiner kleinen Familie hier amerikanische und deutsche Traditionen perfekt vermischen. Mein Mann sieht mit mir Charlie-Brown-Filme an – sie sind mir sehr lieb geworden. Wir schmücken den Christbaum weit vor Weihnachten, obwohl wir unsere Geschenke erst so ein paar Tage vorher darunterlegen. Ich muss zugeben, dass ich meinem Mann noch nie ein Nikolausgeschenk gemacht habe. Und ich werde mich beeilen müssen, wenn ich ihm dieses Jahr einen Kalender besorgen möchte – sie könnten bereits ausverkauft sein. Immer wieder einmal fahren wir durch die Nachbarschaft, um zu sehen, wer sein Haus dekoriert hat. Und vergangenes Jahr hat mein Mann eine Riesenzuckerstange aus Sperrholz gebaut, die er mit Lichtern illuminierte. In Deutschland hatte ich außer einem Kranz nie Dekorationen vor der Wohnungstür. Heute ist es eher etwas draußen auf der Vortreppe.

Achja, Advent! Wir schaffen wie verrückt, um alles so perfekt wie möglich zu machen. Es gibt Festessen um Festessen, Veranstaltungen zu Beginn der städtischen Weihnachtsbaumbeleuchtung, Liederfeste, Weihnachtsfilme, Weihnachtsmusik, Weihnachtskarten. Es ist laut. Es ist fröhlich. Es ist anstrengend.

Aber meine genussreichsten Adventsmomente sind immer noch diese Sonntagmorgen, wenn wir am Frühstückstisch sitzen und mein Mann fragt: „Müssen wir nicht eine weitere Kerze anzünden?" Und dann, wenn ich das Feuerzeug anklicke und der Docht in Flammen birst, starren wir in die warme Farbe und sinnieren still. Wie, während das Jahr draußen dunkler wird, Advent dafür sorgt, dass es drinnen lichter wird.

Weihnachten

"Marley ... war tot. Damit wollen wir anfangen." Diese Zeile aus Charles Dickens' Novelle "A Christmas Carol" startete für mich viele Teenage- und sogar Twen-Jahre lang die Weihnachtssaison. Ich hatte für mich eine Tradition geschaffen, ein Theater in der Innenstadt von Stuttgart (Deutschland) zu besuchen, um dem britischen Schauspieler Brian D. Barnes zu lauschen, wie er die glorreiche Geschichte eines geizigen Einsiedlers darstellte, der zur richtigen Weihnachtsstimmung bekehrt wird. Immer mal wieder kamen mein Bruder und eine meiner Freundinnen mit zu diesen einzigartigen, unvergesslichen Aufführungen.

Zu dem Zeitpunkt ging es mir an Weihnachten schon längst nicht mehr um Geschenke. Seit ich entdeckt hatte, dass es meine Eltern waren, die den (vermutlich sorgfältig budgetierten) Weihnachtseinkauf für uns tätigten, hatte ich auch bemerkt, dass die meisten meiner Wünsche – außer Büchern und Musik – Strohfeuer und im Grunde eine Verschwendung waren. Weihnachten war für mich zu etwas weit Spirituellerem geworden.

Natürlich leugne ich nicht, dass unsere Familientraditionen des Kranzwindens und der Adventkalender eher pragmatisch und weniger spirituell waren – aber sie fügten so viel zum Weihnachtsambiente meiner kleinen Welt hinzu. Oder die Weihnachtsbäckerei. Und es schien, als produzierte meine Mutter endlose Ströme von Christstollen, Kokosmakronen, Spritzgebäck, Ausstechern, Nusshörnchen und was nicht allem. Unser Zuhause nahm den Duft von Zimt und Vanille an, einen süßen Keksgeruch, der sich angenehm mit den herberen Noten von Kiefernzweigen in einer Vase im Wohnzimmer mischte. Adventssonntage wurden mit einem morgendlichen Gottesdienst und Weihnachtslieder-Singen am Nachmittag gefeiert. Unsere immer sehr eng zusammenstehende Familie wurde während der Adventszeit noch mehr zum Mikrokosmos.

Die Weihnachtszeit in deutschen Städten ist auch undenkbar ohne Weihnachtsmärkte und Weihnachtsdekorationen. In meiner Kindheit verwendeten nur wenige Städte Geld für eine Lichterkettendekoration in der Fußgängerzone. Viele füllten noch immer Trümmergrundstücke vom Zweiten Weltkrieg auf oder ersetzen temporäre Bretterbuden der 50er. Die schönsten Dekorationen waren immer die in den Schaufenstern von Spielwarenläden, Süßwarenläden, Cafés und Kaufhäusern. Letztere präsentierten ganze Geschichten oder Märchenszenen auf voller Front. Als ich 2010 Deutschland verließ, war es fast zu einer Art Wettbewerb zwischen den Städten geworden, wer die glamouröseste Weihnachtsdekoration hätte, den größten Weihnachtsmarkt mit den kreativsten Ständen oder wer den besten Chor, die beste Krippenausstellung, oder Besonderheiten präsentieren könne. Der Weihnachtsmarkt meiner Geburtsstadt, Stuttgart, ist seit meiner Kindheit auf dreifache Größe angewachsen. Es gibt sogar eine Eisbahn auf dem zentralsten Platz, dem Schlossplatz. Der Weltweihnachtszirkus kommt jedes Jahr auf den

Rummelplatz mit „the best of". Es gibt ausgefallene Aus-
stellungen im Alten Schloss, während in seinem Innenhof
Chöre aus aller Welt um Aufmerksamkeit heischen. Abgesehen
davon hat jeder Vorort seinen eigenen kleinen Weihnachtsmarkt. Die Stuttgarter Nachbarstädte Ludwigsburg und
Esslingen locken mit barockem Ambiente beziehungsweise
einem zusätzlichen Mittelaltermarkt.

Heiligabend, *der* weihnachtliche Höhepunkt in
Deutschland, war immer eine sehr stille Feier in unserer
Familie. Alles war getaktet, angefangen beim Anhören
bestimmter Radioprogramme am Morgen, wenn wir uns alle in
der Küche versammelten, wo meine Mutter die köstlichste
Hühnersuppe mit Reis, die ich je gegessen habe, fürs Mittagessen zubereitete. Nach einem Mittagsschläfchen gingen wir
fast immer zu Fuß zur Kirche (fast zwei Kilometer pro Strecke),
einem neugotischen Gebäude mit Emporen und einer
mächtigen Orgel. Unsere Augen suchten die Menge nach
Bekannten ab – und damals *waren* es eine Menge Kirchgänger.
Extrastühle wurden hereingetragen, und die Leute rückten
wirklich eng zusammen, um noch mehr Kirchgängern Platz zu
machen, und doch mussten einige stehen. Kein besserer Druck
auf die Tränendrüsen als das Ende eines protestantischen
Weihnachtsgottesdienstes, wenn die Lichter erloschen, der
Weihnachtsbaum die einzige Lichtquelle bildete, und die ganze
Gemeinde auswendig „O du fröhliche" sang, begleitet vom
Fortissimo der Orgel. Nach der Kirche versammelten sich alle
ums Rathaus, um den Weihnachtsliedern eines örtlichen

52

Blechbläserensembles zuzuhören und mitzusingen. Der Heimweg durch die kalte Dunkelheit machte das einfache Abendessen aus Weißwurst, Stampfkartoffeln und Sauerkraut zum festlichen Aufwärmer. Dann – endlich – saßen wir singend unter dem erleuchteten Weihnachtsbaum – immer einem echten mit echten Kerzen.

Jetzt, wo ich in den Vereinigten Staaten wohne, haben sich meine Weihnachtsfeste natürlich verändert. Mein Mann und ich vermischen Familientraditionen. Jetzt backe *ich* Plätzchen und and *ich* stelle die Adventsdekoration. Der Weihnachtsbaum wird lange vor Weihnachten aufgestellt, ganz anders, als ich es von meinem früheren Leben kenne, wo er hinter verschlossenen Türen am 23. Dezember geschmückt wurde, um erst spät an Heiligabend gezeigt zu werden. Wir fahren durch die Nachbarschaft auf der Suche nach den schönsten weihnachtlichen Lichterdekorationen – und es ist sehr interessant, wie nahe beieinander elegant und geschmacklos liegen können. Wir nehmen an Weihnachtsaktivitäten teil, wie sie kommen – „Christmas at the Orr Home" in Steilacoom und Weihnachtsliedersingen in seiner Wagnerei, Plumpudding-Paraden bei Jahresabschlussfeiern, Weihnachtsläden und -Basare. Wir besuchen an Heiligabend die Kirche. Wir haben ein deutsches Abendessen an Heiligabend und ein amerikanisches am ersten Weihnachtsfeiertag, bevor wir unsere jeweils drei Geschenke austauschen.

Ich müsste lügen, wenn ich sagte, ich vermisste deutsche Weihnachten nicht mit seinen Weihnachtsmärkten,

Kirchenglocken, Kirchenliedern und Orgelmusik. Aber mein Mann und ich verbinden die schönsten Teile unserer Erinnerungen und Traditionen, und wir genießen, was wir aus dem für uns Neuen gewinnen. Still und in seliger Eintracht. Und wie Tiny Tim bemerkte: "Gott segne uns alle!" Frohe Weihnachten!

Enden und Anfänge

Passiert Ihnen das auch? Sie sehen einen wunderschönen Liebesfilm im Fernsehen, und wenn die Hauptdarsteller sich verloben oder heiraten und „Ende" auf dem Bildschirm erscheint, möchten Sie ausrufen: „Keinesfalls!" Denn tatsächlich ist das kein Ende. Es ist ein Beginn und der Anfang von etwas Bedeutungsvollerem, Komplexerem und Komplizierterem, als jegliche Episode des Liebeswerbens es sein könnte. Aber es ist einfacher zu denken: „Okay, Darcy hat also seine Elizabeth, und ich möchte nicht über die Schwierigkeiten nachdenken, die er mit seiner schrecklichen Schwiegermutter haben wird oder ob er je einen Kinderwagen schieben wird." Zugegeben, eine Menge Romane enden ebenfalls mit einer Verlobung oder Hochzeit.

In etwas geografischerer Weise können Enden und Anfänge ebenfalls verschwimmen. Als ich noch in Europa lebte, markierte die US-Westküste gewissermaßen das Ende meiner westlichen Welt – ein logischer Gedanke, da in unseren Atlanten Asien immer östlich von Europa abgebildet wird. Jetzt, wo ich an der Westküste lebe und wenn ich am Cape Flattery stehe, dem nordwestlichsten Punkt der USA (abgesehen von Alaska) und an Tatoosh Island vorbeiblicke, wird mir bewusst, dass, wiewohl dies das Ende der Welt zu sein scheint, jenseits des Wassers und weit westlicher ... Asien liegt. Und ich schmunzle über meine früheren Vorstellungen.

Wenn ich hier in Western Washington wandern gehe, erwische ich mich ebenfalls dabei, dass ich über Ende und

Anfang nachdenke. Wenn mein Mann und ich zum Eingang des Mt. Rainier National Park am Carbon River fahren, ist die winzige Bergbaustadt Wilkeson die letzte Festung der Zivilisation, die man passiert. Außer der Rangerstation weiter droben und natürlich der Ringstraße zur Stadt Carbonado. Jenseits von Wilkeson herrscht Wildnis mit endlosen Wäldern, Wasserfällen, Flüssen, Seen, steilen Bergen und Gletschern. Wenn wir wieder zurückkehren, ist Wilkeson das erste Zeichen der Zivilisation, das uns begrüßt. Abhängig von der Richtung, in die wir uns bewegen, ist also der Anfang der Zivilisation auch ihr Ende und umgekehrt.

Als ich am Morgen des 13. Dezember 2017 aufstand, verließ ich mein Zuhause als deutsche Staatsbürgerin. Um etwa 14 Uhr desselben Tages leistete ich den USA im USCIS-Auditorium in Tukwila den Treueeid. Als ich heimkehrte, tat ich das als amerikanische Staatsbürgerin. Obwohl dieser Tag durch ein Ende in meinem Leben gekennzeichnet wurde, war es zugleich auch ein Anfang. Und es unterbrach ganz sicher nicht meine Existenz.

Wenn ich so über das Konzept von Anfang und Ende sinniere, beginne ich zu denken, dass es größere Strukturen für den menschlichen Verstand besser fassbar macht, etwas durch Anfang und/oder Ende zu markieren. Es ist, wie wenn man ein Stück Braten in kleine Bissen schneidet, statt zu versuchen es auf einmal in den Mund zu schieben und hinunterzuwürgen. Es ist ein Hilfsmittel, etwas Umfassenderes zu begreifen, womit auch immer wir uns befassen.

Wenn wir also am kommenden Sonntag Neujahr feiern – frage ich mich, was wir wirklich feiern. In Deutschland haben wir prachtvolles Feuerwerk, das bundesweit um Mitternacht von den Kirchenglocken eingeläutet wird. Es ist großartig zum Gänsehaut-Bekommen. Und wenn man dem traditionellen Neujahrslied „Nun danket alle Gott" lauscht oder es mitsingt, markiert dies mit einem Druck auf die Tränendrüsen zusätzlich ein ganz besonders Ende ... oder einen Anfang? Nun raten Sie mal, was Deutsch-Amerikaner hier in der Nacht des 31. Dezembers vermissen ...

Ich erinnere mich, wie das Jahr 2000 herannahte und manche Menschen darüber stritten, ob es wirklich den Beginn eines neuen Millenniums kennzeichne. Oder ob wir unsere Feierlichkeiten lieber auf das Jahr 2001 verschieben sollten. Und mitunter frage ich mich, ob diese ganze Zählerei überhaupt stimmt, denn wer weiß schon, ob unser Herr wirklich im Jahr Null geboren wurde? Oder im Jahr Eins?

Ist es wichtig, ob wir das erfolgreiche Ende eines Jahrs feiern? Oder dass es endlich vorüber ist und uns nicht umgebracht hat? Oder ob wir den Anfang eines neuen Jahrs begrüßen? Vielleicht etwas besorgt? Oder überwältigt? Weil es mit einer neuen Ladung leerer Kalenderseiten gefüllt ist, die die Wochen und Monate herunterzählen, und wir nicht wissen, was sie für uns bereithalten, bis sie hinter uns liegen?

Was auch immer Sie feiern (und ob Sie es feiern oder nicht), der 31. Dezember markiert eine neue Runde von Ende und Anfang. Ich möchte Ihnen allen danken, die Sie die letzten

Monate meine kleine Freitagskolumne gelesen und so freundlich Feedback gegeben haben. Ich hoffe, Sie bleiben meinen weitschweifenden Ausführungen, wie es ist, „In der Fremde daheim" zu sein, auch 2018 treu. In diesem Sinne hoffe ich, dass 2018 besser beginnt, als 2017 für uns alle endet. Und sollte 2017 bereits ein gutes Jahr für Sie gewesen sein … umso besser für Sie! Alles Gute im Neuen Jahr!

Natur

Wo Rauch ist …

Vorige Woche beeindruckte viele von uns mit dunstigem Himmel, surrealen Sonnenuntergängen, orange-grauen Landschaften, brennenden Augen, Atemnot und kratzigem Hals. Nach Western Washington wurde Rauch von Waldbränden in British Columbia hereingeweht, und ich möchte mir lieber nicht vorstellen, wie es dort gewesen sein muss. Währenddessen erlebten wir unsere eigenen Waldbrände am Chuckanut Mountain und rund um Darrington; sie haben vermutlich nur wenig zu der extremen Rauchdichte beigetragen. Und weil alles wegen des Regenmangels seit mindestens 50 Tagen so ausgedörrt ist, wurden Feuerverbote erlassen und aufgehoben und, während Sie dies lesen, vermutlich erneut erlassen.

Für gebürtige Deutsche ist das Szenario des Pacific Northwest ziemlich beeindruckend. Wir hören regelmäßig von Waldbränden in Südeuropa. Aber wir erleben sie fast nie in Deutschland. Tatsächlich war der einzige, an den ich mich erinnere, der Brand der Lüneburger Heide südlich von Hamburg 1975. Er zerstörte fast 8.000 Hektar Wälder, Moore und Heide. Im Vergleich: Deutschland ist etwa 357.500 Quadratkilometer groß.

Meine Familie hatte in dem Sommer Urlaub in der Lüneburger Heide gemacht, und ich weiß noch, wie meine Mutter sagte, dass, wenn irgendjemand auch nur ein brennendes Streichholz fallen ließe, die ausgetrocknete Landschaft wie Zunder in Flammen aufgehen würde. Nun, ein paar Wochen

61

nach unserer Rückkehr von einer Reihe Wanderungen durch die sonnverbrannte Heide, ausgetrocknete Moore und schmucklose, staubige Dörfer brannte die Heide tatsächlich. Brandstiftung, Unfälle und Versehen wuchsen zu einer Katastrophe, die es bundesweit in die Nachrichten schaffte. Das Feuer dauerte zehn Tage lang und kostete sieben Menschenleben. Ich kann mich in Deutschland an nichts Gleichbedeutendes seither erinnern. Und wir konnten den Rauch ganz sicher nicht 450 Kilometer weiter südlich riechen.

Hier und bis zum vorigen Wochenende sind in rund 140 Waldbränden im südlichen British Columbia über 380.000 Hektar verbrannt – fast das 50-fache der in Deutschland 1975 verbrannten Fläche. Irgendwie wundere ich mich nicht mehr, dass wir den Rauch sahen.

Erst Jahre später erfuhr ich, dass das Ausmaß des Brandes der Lüneburger Heide auf frühere Sturmschäden zurückzuführen war, die nicht beseitigt worden waren und die den Zugang zu den Brandherden extrem erschwert und gefährlich gemacht hatten. Hinzu kam die Vorherrschaft von Nadelhölzern. Ich denke, das sind nur zwei der Gründe, warum sich Waldbrände hierzulande so unglaublich schnell und gefährlich ausbreiten.

Wenn Sie je Gelegenheit hatten, durch einen deutschen Wald und einen im Pacific Northwest zu wandern, wird Ihnen der Unterschied sofort auffallen. Die Regenwälder hier sind dicht, oft unzugänglich, ohne Straßen oder Pfade und dramatisch in ihrer Geografie. Sie sind riesig, und sie sind voll dichten Unterholzes. Deutsche Wälder sind längst nicht so groß. In meinem kleinen, aber dicht besiedelten Geburtsland sind sie durch und durch zugänglich. Im Grunde werden sie Baum für Baum gepflegt. Kranke oder tote Bäume werden geschlagen und beseitigt; an ihrer Stelle werden neue, gesunde gesetzt. Waldarbeiter kümmern sich rasch um Sturmschäden. In Deutschland ist das so ziemlich überall machbar. Unsere Landschaften sind vergleichsweise zahm.

Wenn ich in Deutschland Holzfeuer rieche, hat jemand vermutlich ein sehr rustikales Grillfeuer entzündet. Wenn ich hier in Western Washington Holzfeuer rieche, könnte das auch der Grund sein. Oder jemand heizt sein Haus oder verbrennt Gartenabfälle. Oder etwas ist bitter schiefgegangen. Wie in einem Waldbrand. Wie auch immer – Rauch bedeutet Feuer. Aber Ursache und Ausmaß sind verschieden.

Totale Sonnenfinsternis

Das Ereignis würde überwältigend sein. Ich hatte mich wochenlang darauf vorbereitet. Und dann war der Tag da. Ich verließ mein Büro, ging hinaus und beobachtete es staunend. Es war unglaublich und unvergesslich. Und das ist gewissermaßen keine Lüge.

Auf den 11. August 1999 hatte jeder in Deutschland gewartet. Die letzte totale Sonnenfinsternis hatte 1961 stattgefunden – ganze Generationen, meine eingeschlossen, hatten nie eine erlebt. "SoFi", wie das Ereignis der Sonnenfinsternis liebevoll abgekürzt wurde, war der Grund für Partys, die bereits ein Jahr vorher geplant worden waren. Manche Leute buchten sogar Sonnenfinsternis-Flüge. Der ganze deutsche Markt für Sonnenfinsternis-Brillen war aus-verkauft. Aber ich hatte es geschafft, welche zu kaufen.

Ich stempelte um die Mittagszeit aus meinem Büro aus. Gemeinsam mit meinen Kollegen spazierte ich zu einem nahen offenen Feld, wo wir den Himmel beobachteten. Einen dicht bewölkten Himmel. Mit jeder Minute wurde er dämmeriger. Straßenlaternen und Neonbeleuchtungen an Geschäftsgebäuden sprangen an. Die Vögel hörten auf zu singen, Hunde begannen zu heulen. Und dann öffnete sich der Himmel, und statt meiner Sonnenfinsternis-Brille brauchte ich ganz dringend meinen Regenschirm. Ich sah nie die Sonne um 12:32 Uhr an diesem bemerkenswerten Tag. Sie war völlig von dicken, dunklen, tief hängenden Wolken verfinstert.

Fast 20 Jahre später hatte ich meine zweite Chance, eine totale Sonnenfinsternis zu sehen. Am 21. August 2017, diesmal eine halbe Welt entfernt. Mein Mann und ich beschlossen, es zu etwas ganz Besonderem zu machen. Wir wollten nicht die „nur 94-prozentige" Sonnenfinsternis in Olympia. Wir wollten die vollen 100 Prozent an der Küste von Oregon. Wir überlegten sogar zu campieren, nur um rechtzeitig vor Ort zu sein. Aber natürlich waren alle Campingplätze längst ausgebucht, und die Hotelzimmerpreise stiegen schon Monate vor der Sonnenfinsternis ins Unermessliche, von 400 Dollar nahe Long Beach in Washington bis zu 1.000 Dollar in Portland, Oregon. Durch einen unendlichen Glücksfall fand ich nur eine Woche vorher ein anständiges Motelzimmer zu einem fast bizarr normalen Preis in Astoria, Oregon.

Wir brachen am Tag vor der Sonnenfinsternis sehr früh auf, weil wir ein starkes Verkehrs-aufkommen befürchteten. Die malerische Route, für die wir uns entschieden hatten, brachte uns binnen drei Stunden glatten Durchkommens zu unserem Motel am Ziel. Das sonnige, sommerliche Astoria war voller Menschen, da es Markttag war, ein großes Flussschiff angelegt hatte und einige Leute wie wir hier ihre Zeit bis zur Sonnenfinsternis verbrachten. Stündlich prüften wir den Wetterbericht. Wir mussten eine Entscheidung treffen. Es war nicht einfach, aber nachdem wir uns still geeinigt hatten, zogen wir unser Programm umso entspannter durch.

Der Tag der totalen Sonnenfinsternis war gekommen. Wir standen um sechs Uhr auf und frühstückten an der Flusspromenade, während wir der stillen Geschäftigkeit des Columbia River zusahen. Dicke Wolkenbänke und Nebel hingen über dem Pazifik und zogen Richtung Sandbank und Flussmündung, um die ganze Küste in ein weißes, undurch-dringliches Tuch zu hüllen. Dann fuhren wir ... nordwärts.

Wir jagten keinem Flecken in Oregon nach, der nicht bewölkt oder nebelig wäre. Wir suchten keinen Parkplatz in einem überfüllten Areal. Wir warteten nicht, bis die letzten Beobachter heimwärts fahren würden, damit wir eine glatte Fahrt hätten.Stattdessen fanden wir einen sonnigen, stillen Ort außerhalb eines gemütlichen Weilers mitten im Nirgendwo in Washington. Wir hatten ein paar Tailgate Snacks. Wir sahen die Verfinsterung, als der Mond begann, sich über die Sonne zu schieben, bis nur noch ein feuriges Kreissegment übrigblieb, das im Uhrzeigersinn wanderte. Wir lauschten den Vögeln, wie sie das erste ihrer zwei Abendlieder an diesem Tag sangen. Wir betrachteten die Dämmerung bei hoch am Himmel stehendem Planeten. Wir spürten, wie die Luft kühler wurde. Wir lauschten der Stille. Wir waren allein und erfüllt von Ehrfurcht.

Ob wir je noch eine Chance haben werden, eine totale Sonnenfinsternis zu sehen? Aber es ist mir auch nicht so wichtig. Jener Tag, an dem wir beide ganz für uns waren, bleibt uns in Erinnerung. Insofern war meine Sonnenfinsternis vollständig. Vielleicht wären 100 Prozent sogar zu viel gewesen. Denn manchmal genügen 97 Prozent und ist weniger mehr.

Mission Irma

Mein Mann und ich hatten im September geplant, nach Florida zu fliegen, um einem Familienmitglied Hurricane-Vorkehrungen treffen zu helfen. Wir schafften es nicht rechtzeitig. Hurricane Irma schlug uns um eine halbe Woche. Das änderte nicht unsere Absicht. Es machte uns nur noch hartnäckiger in dieser Angelegenheit.

Vergleichen wir einmal Hurricane-Erfahrungen in meinem Geburtsland, Deutschland, und hier. Während wir hier wissen, dass zwischen September und November über dem Atlantik Hurricane-Saison herrscht, gibt es so etwas in Deutschland nicht. Drüben kommen sie, wenn sie kommen. Wir nennen unsere Stürme Orkane (man beachte die etymologische Beziehung zum französischen Wort „ouragan"); und sie sind nicht subtropisch und mit Salzwasser geladen, sondern durch eine wilde Mischung aus Hoch- und Tiefdruckgebieten angetrieben, wobei sie genauso Unheil anrichten. Meinen ersten zerstörerischen Orkan in Deutschland erlebte ich am Zweiten Weihnachtsfeiertag 1999. „Lothar" war schnell und brachte zig Menschen in Frankreich ums Leben, bevor er über Deutschland hinwegstürmte. Innerhalb fünf Stunden riss er alles um, was ihm im Weg stand. Ich erinnere mich, dass ich ein Fenster festhielt, das unter den Böen erzitterte, während ein Geräusch wie von zerbrechenden Streichhölzern das Zerkleinern eines Waldes am Horizont begleitete. Am Ende jenes Tages war die Kuppe kahl.

Irma, so sagte man deutschen Fernsehzuschauern, war fast so groß wie Deutschland, und während es meines Wissens in Deutschland nie eine Orkan-Evakuierung gegeben hat, wussten wir alle um die Evakuierung fast der gesamten Küste Floridas von den Keys bis zum Panhandle. Unsere Notfallvorkehrungen waren daher recht ernst, weil wir nicht wussten, was wir vorfinden würden: medizinische Hilfe, Wasseraufbereitungsmittel, Notfallrationen – wir packten alles. Unsere Fluggesellschaft verzichtete auf die Gebühren für die Flugtermin-Änderung.

Am Flughafen SeaTac wartete eine beklommene Menge von Passagieren auf den Nonstop-Flug nach Orlando. Nur sehr wenige Leute schienen nach Disneyworld zu reisen. Eine Stewardess an Bord hatte es zunächst schwer, Sitzarrangements für eine Familie mit drei kleinen Kindern zu treffen. Doch plötzlich spürte ich, wie Solidarität durch die Kabine flutete. Passagiere wechselten freiwillig die Plätze, bis alle Kinder glücklich bei ihrer Mutter saßen, und auch die schweren Passagiere, die getauscht hatten, fanden sich auf bequemen Gangplätzen wieder. Eine Nachwirkung von Irma?

Als wir Orlando erreicht hatten, war es schwierig, unseren Autoverleih zu finden – jede Plakatwand und Reklametafel war zerfetzt. Stromversorgungsteams waren überall und beseitigten abgerissene Kabel, ausgerissene Metallpfeiler und zerstörte Geschäftsfronten.

Es zeigte sich jedoch, dass es sich nur um eine Insel der Zerstörung handelte. Abgesehen von entlaubten Bäumen und überfluteten Feldern hätte man weiter im Süden nichts anders wahrgenommen als sonst. Außer, dass die Mautstraße gebührenfrei war. Und zerrissene Werbeflächen-Leinwand flatterte an unbeleuchteten Straßenbebauungen. An der Treasure Coast fanden wir dann wieder mehr Schäden vor. Das von den Böen transportierte Salzwasser hatte, was vom Laub übrig war, rotbraun gefärbt. Boote waren in die Überbleibsel von Docks gedrückt, an Land geschleudert oder bis zur Mastspitze versenkt worden. Bis zu zwei Meter hohe Berge von Gartenabfällen türmten sich in jeder Einfahrt. Viele Häuser waren noch verbarrikadiert. Farbe war abgeschliffen worden, Ladenbaldachine befanden sich in einem Stadium zwischen Zerstörung und Reparatur. Aber die meisten Wohnhäuser standen noch, unerschüttert dank Hurricane-sicherer Dächer und robuster Bauweise.

An einem unserer letzten Tage in den Nachwehen von Hurricane José und vor Maria besuchten mein Mann und ich nach Abschluss all unserer Aufgaben einen meiner Lieblingsorte, Gilbert's Bar House of Refuge auf Hutchinson Island. Es ist ein wettergegerbter Komplex aus drei Gebäuden, die in den 1890ern auf einem Riff erbaut wurden. Die Strände rundum waren fast vollständig von der vergangenen unablässigen wilden Brandung verschlungen worden. Wo noch vor ein paar Jahren Menschen mit Relax-Stühlen an sanft abfallenden Stränden gesessen hatten, türmte sich Seetang auf den steil ansteigenden Überresten dessen, was einmal gewesen war. Strandhäuser balancierten gefährlich auf Gerüststelzen.

Und die Brandung, die gegen das Riff krachte, flog drei Meter hoch, überragte alles und brach sich über jedem, der am falschen Ort stand. Wer weiß, wie lange die Strandhäuser in Zukunft den Hurricanes standhalten werden? Selbst das leicht mitgenommene House of Refuge?

Auf unserem Weg zurück zum Flughafen fiel mir etwas ins Auge: die einzige intakte Reklametafel an der gesamten I-95. Sie dankte den Menschen, die Florida zu Hilfe gekommen waren. Es war ergreifend. Ich musste daran denken, dass ich bisher immer sicher nach Hause zurückkehren durfte. Jetzt ist es für mich viel weniger selbstverständlich geworden. Es gibt Menschen, die weniger glücklich, aber widerstandsfähiger als ich sind. Und sie befinden sich immer noch bei ihrer Mission Irma und räumen auf und helfen anderen, während ich eine Tasse Kaffee trinke und dies hier schreibe.

Erster Schnee

Solange ich mich erinnern kann, waren Winter und Schnee für mich immer fast gleichbedeutend. Ich bin in Süddeutschland aufgewachsen, und wir erlebten die weiße Pracht immer früher oder später. Wir bauten Schneemänner und Iglus, fuhren Schlitten auf jedem Hügel, den wir finden konnten, lieferten uns Schneeballschlachten, aßen Eiszapfen und genossen schlicht den Anblick fallenden Schnees im Licht früher Straßenlaternen. Der erste Schnee schaffte es immer, mich zu verzaubern, und ließ mich auf mehr hoffen. Federleicht lässt er sich auf der Erde nieder und erfüllt die Luft mit einem frisch riechenden weißen Wirbel.

Im ersten Jahr nach meiner Ankunft hier war ich zutiefst enttäuscht zu hören, dass das Tiefland von Western Washington so gut wie nie Schnee sieht. Winter ohne Schnee?! Nur in den Bergen? Nun, ich würde mich wohl daran gewöhnen. Im Versuch, die praktische Seite schneeloser Winter zu sehen, begann ich, den Gedanken sogar zu mögen. Aber am Ersten Advent jenes Jahres, während mein Mann und ich einen wunderschönen Spaziergang durch das einzigartige Brachland des Nisqually Reach genossen, kam er plötzlich über uns. Es begann mit einigen fast zählbaren, filigran geformten Flocken, die auf meinen Mantelärmel fielen. Und dann kam es wirklich herunter. Als wir unser Zuhause erreichten (damals war das in Steilacoom), war der Boden mit einem Zentimeter Schnee bedeckt. Er hielt natürlich nicht lange, aber es war genug, mich in weihnachtliche Kindheitsstimmung zu versetzen.

Vorigen Freitag berichteten die Nachrichten über satte 35 Zentimeter ersten Schnees in den Cascades. Mein Mann schlug vor, am Wochenende zum Mt. Rainier zu fahren. Ich erwartete nicht, dass wir den Berg ganz würden umrunden können. In den vergangenen Jahren haben wir es nie zum Chinook Pass geschafft, wenn wir von Norden kamen. Wir mussten für gewöhnlich umkehren, da Schneepflüge uns klarmachten, dass weiter oben harsches Winterwetter herrschte. Aber vorigen Samstag schafften wir es – den ganzen Weg von Greenwater über den Chinook Pass und durch den Stevens Canyon hinauf nach Paradise. Es war eine atemberaubende Welt von leuchtend goldenem und flammendrotem Laub im Kontrast zum Dunkelgrün des immergrünen Waldes, schroffen, steilen Felswänden und … Schnee. Ich musste einfach Foto um Foto schießen. In diesem Jahr verschmolz mein erster Schnee mit dem herannahenden Winter auf einfach fantastische Weise.

Erster Schnee ist aber auch für viele Menschen, die wir dieser Tage in den Bergen antreffen, buchstäblich eine neue Erfahrung. Nicht jeder wächst mit der Erfahrung von Schnee auf. Heute sehen wir ganze Familien aus anderen Kontinenten zum Mt. Rainier hinaufreisen und das bestaunen, was sich Schnee nennt. Sie parken ihr Auto an malerischen und weniger malerischen Orten, um Selfies und Gruppenfotos im Schnee aufzunehmen. Oft genug sind ihre Schuhe nicht schneetauglich, und sie rutschen und gleiten durch die weiße Masse, laut lachend, taumeln, finden ihr Gleichgewicht und empfinden die ganze Erfahrung als urkomisch und richtig spaßig. Wenn sie einmal entdeckt haben, welch physikalische Möglichkeiten Schnee bietet, finden sie Plastiktüten zum Schlittenfahren und haben ihren Spaß im Schnee, Kinder und Erwachsene gleichermaßen. Es ist wundervoll, diese Unbeschwertheit und Freude ob einer Sache zu beobachten, die für viele so selbstverständlich ist.

Aber nicht nur Menschen von anderen Kontinenten erleben Schnee zum ersten Mal, wenn sie in die Cascades kommen. Vorigen Samstag fuhren wir an einem Auto aus Texas vorbei, das mitten auf der Straße geparkt hatte. Eine dreiköpfige Familie war zum Schnee am Rande der Straße gelaufen, der an einer Stelle etwa knietief war. Während der Vater zuschaute, gingen die Teenager mitten hinein und tauchten ihre Hände in den weißen Flaum. Dann drehte sich das Mädchen um, und ich glaubte, ernste Verwunderung in ihrem Gesucht zu bemerken. Als hätte sie zum allerersten Mal Schnee erfahren. Innerhalb eines Augenblicks waren sie aus unserem Rückfenster verschwunden, und ich hoffe nur, dass dieser ehrfürchtige Blick bald fröhlichem Gelächter und demselben Herumtoben wich, die ich bei anderen gesehen habe.

Als wir Paradise erreichten, war die Straße durch Paradise Valley bereits gesperrt und von hüfthohem Schnee verbarrikadiert. Das war nur der erste Schnee dieser Jahreszeit in den Bergen. Bald wird es deutlich mehr geben, und die Pässe werden wieder schließen. Die Bergwelt wird in winterliche Stille zurückkehren.

Gartenbesucher

Vergangenen Mai, nur ein paar Blocks entfernt von unserem Haus, wurde von der Polizei und Feuerwehr in Lakewood ein Schwarzbär auf einen Baum gejagt und entfernt. Ich war daheim und hatte keine Ahnung, dass das riesige Tier, ohne aufgehalten zu werden, eine Hauptstraße nach der anderen entlanggetrottet war. Seltsam genug bereitete es mir hinterher weniger Aufregung als das Unheil, das Menschen mitunter in unserer Stadt anrichten. Mir tat das verwirrte Tier eher Leid, das in die Wildnis zurückgebracht wurde und vermutlich nie begriff, wie ihm geschehen war.

In unserer früheren Kleinstadt am Sund wie auch hier haben wir ganz bestimmt unseren Anteil an täglichen wildlebenden Besuchern. Für gewöhnlich allerdings keine Bären. Eines Abends im ersten Jahr nach meiner Ankunft sah ich einen Kojoten. Und seither ist mir bewusst, dass ich Wildtieren noch nie so nahe war wie hier.

Ich habe in einem Vorort der süddeutschen Stadt Stuttgart mit seinen fast 600.000 Einwohnern gelebt. Es ist eine geschäftige Region mit viel „sauberer" Industrie, d.h. ohne rauchende Schornsteine oder andere größere Verschmutzungsverursacher in der Nähe, aber sehr verkehrsreich. Doch die Natur blitzt immer wieder hindurch mit Weinbergen von den Hügeln herab mitten hinein in die Innenstadt, großen Wäldern rund um die Stadt und Flüssen und Seen, die einen hübschen Naherholungsbereich bilden.

Aber die Wildtiere in unserem Vorortgarten waren eher klein und unspektakulär. Ich hatte nie eine Begegnung mit Rotwild oder Wildschweinen, die in den Wäldern ein paar Kilometer weiter entfernt lebten. Aber wir hatten kleine Meisen in den Bäumen und Hasen auf den Feldern. Manchmal flogen Spechte in den Balkon des Apartments meiner Eltern, um die Wände nach Insekten abzusuchen. Manchmal sahen wir rote Eichhörnchen einander die Bäume hinaufjagen oder um den Spielplatz vor dem Haus. Und in warmen Sommernächten, wenn ich mein Zimmerfenster gekippt hatte (übrigens eine typisch deutsche Fenstereigenschaft), konnte ich Igel im Gras schmatzen hören.

Mein Mann hatte mich darauf vorbereitet, auf „Ricky Raccoon" in unserem Garten gefasst zu sein. Und tatsächlich hatten wir eine Reihe Waschbärfamilien. Ein Paar brachte in einem Herbst seine vier Jungen und präsentierte sie uns voll Stolz. Einer der kleinen Waschbären entdeckte die Seilschaukel, die unser Vermieter in einer unserer hohen Eichen aufgehängt hatte. Er schaukelte dort fast eine ganze Stunde lang. Das war in unserem zweiten Jahr in Lakewood. Vergangenen Sommer trollte mitten am Tag ein einsamer dicker Waschbär in den Garten und in Richtung Schaukel. Ich könnte schwören, dass es der kleine Kerl von einst war, dessen nun schwerer Körper es ihm schwer machte, ganz hinaufzugelangen. Er kam nie zum Betteln an die Tür. Er genoss nur die Schaukel.

Der erste amerikanische Vogel, den ich kennen lernte, war dieser prächtig blaue Steller's Häher. Mit dem witzigen Schopf auf ihrem Kopf, ihren intelligenten Augen, und ihrem Betteln nach Nüssen mit einem rauen Krächzen, aber flirtend schiefgelegtem Kopf stahlen sie sofort mein Herz. In unserem ersten Zuhause kamen vier regelmäßig. Ich konnte alle aufgrund ihres Aussehens und Verhaltens auseinanderhalten.

Kleine smaragdgrüne und schlammbraune Frösche hüpften um unseren Gartenteich in Steilacoom. Türkise Kolibris flogen emsig in den Bäumen des Vorgartens. Hier in Lakewood sehen wir immer mal wieder ein weißes Opossum in unserem Garten. Und nachts wachen wir mitunter vom ziemlich eigenwilligen Geruch eines Stinktiers auf, das vorbeihuscht. Wir füttern die Vögel, und Eichhörnchen sind Meisterbettler und -diebe rund um die Futterstationen.

Die erstaunlichsten Eindringlinge in unseren Garten sind jedoch Rehe. Sie beeindrucken uns immer wieder. In einem Jahr kam täglich eine vierköpfige Familie, um von Busch zu Busch zu äsen und sich dann auf einem sonnigen Flecken niederzulegen und wiederzukäuen. Sie waren sich unserer wohlbewusst, aber für gewöhnlich drehten sie nur neugierig den Kopf, wackelten mit den Ohren und wiederkäuten dann weiter. In Europa würde ich angenommen haben, sie hätten wohl Tollwut. Man sieht Rehe im Wildpark, aber nicht in seinem Garten. Oder man entdeckt sie in der Ferne in ländlichen Gebieten. Sobald sie einen wittern, schwingen sie die Hufe in wilder Flucht.

Hier in Washington State dominiert die Wildnis ganz offensichtlich immer noch. Die Menschen haben ihre Wohnstätten von der Natur nur geborgt. Wir leben Seite an Seite mit Wildtieren. Und es ist schon eine Erfahrung, einem Reh zu begegnen, während man den Garten jätet, oder beim Joggen von einem Kitz auf der anderen Straßenseite beäugt zu werden.

National- und Naturparks

Als Teenager habe ich gelacht, als ich in einem Buch von Paul Watzlawick las, dass Amerikaner auf Besuch in meinem Geburtsland angeblich fragen, ob der Schwarzwald an Sonntagen geöffnet sei. Es kam mir nie in den Sinn, dass er nicht geöffnet sein könnte. Oder dass Leute erwarteten, dass sie dafür Eintritt bezahlen oder einen Jahrespass besitzen müssten. Deutschland besitzt National- und Naturparks wie auch Biosphären-Reservate, aber sie funktionieren anders als Amerikaner es von ihren National- und Naturparks gewohnt sind.

Inzwischen haben Sie vermutlich erraten, warum. Deutschland ist viel kleiner und seit Jahrtausenden dicht besiedelt worden, lange bevor das Konzept von Natur- oder Nationalparks entwickelt wurde. Deutschlands ältester Naturpark ist die Lüneburger Heide und wurde 1921 festgelegt. Der größte ist der Südschwarzwald, der zugleich zum Nationalpark Schwarzwald zählt. Ein Viertel Deutschlands ist Naturparks vorbehalten. Aber … sie sind alle von Siedlungen durchzogen. Das Konzept wurde um bereits existierende Weiler, Dörfer und Städte geformt.

Wenn man daher z.B. die Lüneburger Heide besucht, findet man Gebiete mit der typischen Mischung aus sandiger und mooriger Landschaft, Fichten, Seen und Heide, Dolmengräber aus Urzeiten und vor allem diese alles durchdringende Stille. Aber nicht allzu weit von diesen Gegenden, die Wanderern und vielleicht Radfahrern vorbehalten sind – und keiner von ihnen sollte die Wege verlassen (manche sind sogar auf Knöchelhöhe mit Draht abgezäunt) –, findet man menschliche Besiedlung. Das Zuhause eines Imkers hier, eine Schaffarm da, einen Weiler mit einem freundlichen Gasthof, vielleicht sogar einen Kutscherdienst für jene, die die Landschaft auf bequemere Weise entdecken möchten. Und dann gibt es wundervolle Städte, vor allem Lüneburg, Soltau und Celle, jede mit ihrer eigenen erstaunlichen Geschichte, architektonischen Juwelen und Kulturangeboten. Ist also ein deutscher Nationalpark oder ein deutscher Naturpark sonntags oder im Winter geöffnet? Darauf können Sie wetten.

Umgekehrt wird ein uninformierter deutscher Tourist bei seiner spätherbstlichen Ankunft in Washington State mit dem Wunsch, den Gipfel des Mt. Rainier zu besuchen mit einigen spezifisch amerikanischen Informationen konfrontiert werden. Der höchste Standort einer Ranger-Station mit Unterkunft und Restaurant liegt weit unter dem Gipfel in Paradise, und der Gipfel kann nur durch Bergsteigen im Mt. Everest-Stil erreicht werden. In Deutschland fände man ein paar alpine Hütten alle paar Kilometer weiter oben, mit Restaurants und vielleicht sogar rustikalen Übernachtungsmöglichkeiten. Hier bezahlt man eine Eintrittsgebühr für den Nationalpark. Und der Nationalpark ist nicht immer befahrbar oder nur bis zu einem gewissen Punkt, vor allem wenn es geschneit hat. Gebiete ohne Handy-Verbindung? Hier ist das gegeben, drüben ist das unbekannt.

Welches der beiden Konzepte bevorzuge ich also? Ich muss zugeben, dass ich keine Vorliebe hege. Ich erinnere mich gern an Wanderungen in den deutschen Alpen oder im Schwarzwald, die in ein Mittagessen auf einer der bereits erwähnten Hütten auf einer alpinen Wiese oder in einem gemütlichen Dorf mündeten. Mir gefällt auch die Unermesslichkeit beinahe unzugänglicher Urlandschaft, ganz allein zu sein und nur ab und zu sehr wenigen anderen Wanderern zu begegnen. Ich mag das Konzept, menschliche Siedlungen in geschützte Natur zu integrieren. Aber ich gehe auch gern in die geschützte Natur, als sei sie ein abgetrennter Raum, ein Schutzort mit dem Parkeingang als Tür. Ich liebe die Rundwege, die mein Geburtsland überall anzubieten scheint – man läuft nie dieselbe Strecke zurück und endet doch am Ausgangspunkt auf sicheren Pfaden mit Brücken und Geländern. Mir gefällt auch das Konzept, dass Wanderer nur Gäste sind und die Natur ihre Stärke zeigt, indem sie Pfade auswäscht, Brücken wegreißt oder einen plötzlich zum Umdenken oder zur Umkehr zwingt. Deutsche Nationalparks sind zahm, verglichen mit der amerikanischen Wildnis.

Ich freue mich darauf, mit meinem Mann wieder diesen Sommer und Herbst wandern zu gehen. Erst unlängst haben wir uns ein Buch mit Vorschlägen für interessante Touren in Western Washington gekauft, einige von der Qualität eines gemütlichen Spaziergangs, andere ziemlich anstrengend. Wanderbücher – ich bin damit aufgewachsen und freue mich, auch hier welche zu finden. Schnüren wir also unsere

Rucksäcke, binden wir unsere Stiefel, schnappen wir unsere Stöcke, und gehen wir hinaus ins Freie! Und kehren wir erfrischt zurück und mit einer Reihe neuer Erinnerungen aus der Natur. Moment mal – haben wir schon unseren Discovery Pass erneuert?

Flüsse

Haben Sie je eine Flusskreuzfahrt unternommen? Oder eine andere Art der Schifffahrt auf einem Fluss? Auf einem Flussdampfer? Sagen Sie mir, wenn ich falsch damit liege, dass hier in Western Washington der einzig für Flussdampfer und Frachter schiffbare Fluss der Columbia River ist. Alle anderen sind selbst für kleine Wasserfahrzeuge kaum nutzbar. Diesen Unterschied bemerkte ich nur langsam. Ich stamme aus einem Land mit einer Reihe schiffbarer Flüsse.

Meine Geburtsstadt Stuttgart hat einen recht großen Frachthafen und einige Passagierschiffe, die den Neckar auf und ab fahren. Der Fluss ist ungefähr 360 Kilometer lang, von denen 200 Kilometer schiffbar sind. Nur eine kurze Strecke flussaufwärts davon ist schiffbar. Aber zwischen Stuttgart und Mannheim strömt der Fluss vorbei an Weinbergen, Kleinstädten, Schlössern und Mittelgebirgen, bis er den Rhein erreicht. Insgesamt 27 Schleusen helfen Schiffen, den langen Höhenunterschied des Neckar zu überwinden. Es gibt den ganzen Fluss entlang auch Kraftwerke. Der Nachteil einer künstlich geschaffenen so schiffbaren und wirtschaftlich nutzbaren Wasserstraße ist, dass sie über die Jahrhunderte hinweg jeglichen natürlichen Fluss innerhalb der schiffbaren Strecke verloren hat.

Dann gibt es noch die Elbe, die Donau, die Oder, die Mosel und den Main – nur um die beliebtesten und bestbekannten Flüsse zu nennen; sie alle sind schiffbar. Und natürlich haben wir da noch den Rhein. Er entspringt in den

Schweizer Alpen, erreicht und quert den Bodensee, bildet seinen mächtigen Wasserfall zwischen der Schweiz und Deutschland bei der Kleinstadt Schaffhausen und wird von Basel an majestätisch und schiffbar bis zu seiner Nordseemündung in den Niederlanden. Frachtschiffe reisen zwischen Basel und Rotterdam, aber viele Flusskreuzfahrtschiffe transportieren auch Touristen aus aller Welt. Flussabwärts geht die Reise vorbei am Schwarzwald und den Weinbergen des französischen Elsass, durch jene der Pfalz in die legendäre Rheinschlucht mit ihren Schlössern und Burgruinen, dem Lorelei-Felsen und mit Türmchen geschmückten Inseln, vorbei am mächtigen Kölner Dom und Europas größtem Binnenhafen, Duisburg, wo er weiter und weiter wird, bis er die niederländische Grenze erreicht.

Dieses Jahr hat Deutschland eine extreme Dürre erfahren. Erst vor ein paar Wochen habe ich von einer Insel gelesen, die plötzlich im Bodensee entstanden ist. Da der Wasserspiegel sank, sammelten sich Sedimente in der Rheinmündung, anstatt weggespült zu werden. Weiter flussabwärts bei Mainz konnten Autofähren mit kaum ein paar Zentimetern Wasser unter dem Kiel kaum navigieren. Kreuzfahrtschiffe blieben vor Anker, und Busse transportierten Touristen zu den Sehenswürdigkeiten, die sie sonst von Bord eines Flussdampfers gesehen haben würden. Sandbänke tauchten auf, wo normalerweise Schiffe hinwegfahren. Strände sind breiter geworden und haben den ganzen Sommer bis spät in den September hinein Badegästen ein fast mediterranes

Ambiente geschaffen. Ja, es gibt auch Badebereiche den ganzen Rhein entlang.

Was mir als größter Unterschied zwischen amerikanischen Flüssen und ihren deutschen Gegenstücken auffällt? Deutsche Flüsse werden häufiger touristisch und vielseitiger genutzt. Das schließt Flusspromenaden mit Restaurantterrassen am Wasser und Aussichtsplattformen mit Bänken für Spaziergänger ein. Es gibt Flusswanderwege und örtliche Bootsverleihe zuhauf. Es gibt Feuerwerksfeste und Bootsparaden auf den Flüssen. Es gibt historische Bootswettbewerbe und historische Bootstouren. Einige Bootsservices können wie Busse genutzt werden – jene auf dem Neckar transportieren einen von Stadt zu Stadt.

Hier in Western Washington genießen Flüsse zumeist noch ihre natürliche Schönheit. Natürlich sind sie dadurch wilder, aber es hält auch die umliegende Natur intakt. Außer den Schleusen in Ballard und denen im Columbia River sind mir keine weiteren solchen Installationen bekannt. Zumindest keine, die einen Wasserweg schiffbar machten. Nicht dass es mir Heimweh verursachte. Aber immer mal wieder eine kleine Restaurantterrasse … ach, ich überlasse es Ihrer Fantasie.

Einfach sinniert

Novemberstimmungen

Fragen Sie Deutsche nach dem tristesten Monat des Jahres, und Sie erhalten wahrscheinlich ein einstimmiges Votum für ... November. Es ist, als hätte das Jahr, einst ein Ballon, all seine Luft verloren, und was bleibt ist eine schlaffe Gummiblase, die sich dehnt, aber nichts enthält. November – eine Ansammlung von Nebel, Niesel, Regen, kaltem Wetter, späten Sonnenaufgängen und frühen Sonnenuntergängen.

Es hilft nicht, dass er mit Allerheiligen beginnt, einem ziemlich ernsten kirchlichen Feiertag, und dass er so ziemlich mit einem Sonntag endet, an dem der Toten gedacht wird. Am Sonntag davor hat Deutschland seinen Volkstrauertag mit kirchlichen und weltlichen Versammlungen auf den meisten Friedhöfen. Als Journalistenneuling musste ich über einige davon in unserer Lokalzeitung berichten. Das Fernsehen sendet über den deutschen Volkstrauertag zumeist mit Politikern, die Kränze an zentralen Mahnmälern niederlegen. Wir erinnern uns der gefallenen deutschen Soldaten, egal wofür sie kämpften, weil sie vor ihrer Zeit starben und Familie zurückließen. Wir haben keinen Veteranentag – unsere jüngere Geschichte lässt uns um jegliches aktuelle militärische Thema auf Zehenspitzen trippeln.

Ist der November in Deutschland also eine traurige Angelegenheit? Tatsächlich werden die Geschäfte genauso wie hier für Weihnachten dekoriert. Sie würden sogar eine Menge Musik von den Endlosbändern erkennen. Natürlich fehlt uns ein so wundervolles Familienfest (oder sollte ich sagen -festessen?)

wie das amerikanische Thanksgiving. Wir haben unseres, einen Kirchensonntag, direkt nach den Septemberernten – und erinnern damit nicht an ein spezifisches Ereignis, sondern an eine neuerliche Ernte, die eingefahren werden konnte. Kein Truthahnmahl mit spezifischen Beilagen, keine Hausfrauen, die bis zur Erschöpfung Gericht um Gericht zubereiten und auftischen, während der Rest der Familie Thanksgiving-Football schaut. (Und dennoch: Freut sich nicht jeder auf diese Eröffnung der Weihnachtssaison, Jahr um Jahr, wieder und wieder?!)

Während wir hier am 11. November unseren Veteranen danken und sie für ihre Opfer für die Nation ehren, begeht Deutschland zwei völlig verschiedene Ereignisse am selben Tag. Das erste ist der Beginn der sogenannten fünften Jahreszeit. Wenn Sie also am 11. November ein Geschäfts-telefonat ins deutsche Rheinland planen (oder überhaupt ein Telefongespräch) – verschieben Sie's besser auf einen Tag danach. Aus welchem Grund auch immer beginnt die Karnevalssaison am 11.11. um 11:11 Uhr mit Umzügen, Straßen-festen, Kostümen und Konfetti. Alle Büros sind geschlossen, obwohl es kein gesetzlicher Feiertag ist, und wenn man im Rheinland lebt, macht man das besser mit.

Für deutsche Katholiken ist der 11. November auch Martinstag. Es gibt Martinsgans zu essen. Und nicht nur die katholischen Kinder im ganzen Land können kaum die Abenddämmerung erwarten, wenn sich die Menschen an den örtlichen Kirchen, Kindergärten oder Schulen zum Laternenlauf treffen.

Wir bastelten unsere Laternen selbst, und unsere Kinder tun es auch wieder. Ich weiß nicht, ob man heute beim Laternenlauf LEDs bevorzugt, weil sie als ungefährlich gelten. Als ich ein Kind war, hatten wir in den Laternen echte Kerzen und Ersatzkerzen in unseren Manteltaschen. Ich werde nie das Aufflackern des Streichholzes in der kalten Novemberabendluft vergessen, das Entzünden des Dochts, den ersten Duft schmelzenden Wachses oder das Wabern der Flamme, das durch die geschmückten Papierlaternen schien. Als Kerze um Kerze angezündet war, sangen wir Laternenlieder, und der Tausendfüßler-ähnliche St. Martins-Umzug schlängelte sich durch so viele Straßen der Nachbarschaft wie eben möglich.

Ich denke, der November ist nur so trübselig, wie wir ihn uns selbst machen. Es ist ein Monat, der uns eine Pause von einem geschäftigen Sommer gönnt. Familien mit Kindern haben sich nun endlich an eine neue Schulroutine gewöhnt. Wir können uns zurücklehnen und auf das Jahr zurückblicken und uns noch immer auf ein paar bevorstehende Wochen freuen. Ganz geruhsam. Wir sollten die Stille dieses dunkleren und weniger farbenfrohen Monats annehmen und uns die Zeit nehmen, über uns selbst nachzudenken anstatt über das, was wir als Nächstes tun müssen …

Gut, ich befolge meine eigene Empfehlung nicht wirklich. Denn ich plane bereits voraus. Ich freue mich darauf, Thanksgiving mit meinem Mann in unserem gemütlichen Zuhause zu feiern. Mit allem, was dazu gehört. Adieu, Tristesse!

Betrachtungen

Eisenbahnen haben etwas Nostalgisches. Zugfahrten auch – nicht so sehr jene, die Vorortpendlern zur Arbeit dienen, aber die für Vergnügungsfahrten. Vielleicht, weil ihre Geschwindigkeit so stetig und ruhig ist. Vielleicht wegen der Landschaft, die man durchfährt und die man aus keinem Autofenster sähe. Vielleicht, weil man ein Fahrzeug zum Bahnhof benötigt und ein wei-teres, um zum endgültigen Ziel zu gelangen. Vielleicht ist es sogar der gewisse Charme des Unbequemen.

Für mich waren Eisenbahnen in Deutschland lange mein Transportmittel in den Urlaub. Mein erster als Dreijährige führte in einen winzigen Badeort an der Ostsee. Es war ein Nachtzug, und ich werde nie den geschäftigen Hauptbahnhof in Stuttgart vergessen, wo wir unsere Reise begannen, nachdem uns das Taxi abgesetzt hatte. Ich war viel zu aufgeregt, um in meiner Koje im Familienabteil zu schlafen. Ich sah den Mond über sanft beleuchteten Feldern und Wäldern schweben. Und an einigen Stationen hing er über den Hausdächern, die ihre Läden geschlossen hatten wie müde Augenlider.

Später, in meinen frühen Zwanzigern, reiste ich über den Hindenburgdamm zur Nordseeinsel Sylt. Welch seltsames Gefühl, die Wellen an das Fundament schlagen zu sehen, über das der Zug fährt, während man etwas angespannt darinsitzt und nur wieder terra firma erreichen möchte. Und dann gibt es noch den kleinen alten Zug aus dem späten 19. Jahrhundert auf der Insel Borkum. Der letzte deutsche Kaiser pflegte in einem seiner Wagons vom Hafen zu seiner Residenz zu fahren. Er war ganz aus Holz mit Bleiglasfenstern, ein bisschen wie die Rainier-Eisenbahn, und er dampfte durch die träge Landschaft aus Dünen und Salzwiesen.

Zuletzt bin ich 2013 in Deutschland mit meinem Mann zum Vergnügen mit der Eisenbahn gereist. Ich hatte für die Strecke zwischen Köln und Mainz, die Rheinschlucht, bewusst einen langsameren Zug als den Hochgeschwindigkeits-ICE gewählt. Ich bin dort so oft gereist, durch die steilsten Weinberge, die man sich vorstellen kann, durch gemütliche Kleinstädte mit schicken Villen und prachtvollen Weingütern, einladenden Restaurants am Ufer, Schlössern und Ruinen auf fast jedem Bergrücken. Schlepper bereisten den Fluss, und Ausflugsboote weckten den Wunsch, die Reise zu unterbrechen und an Bord zu springen. Ich wollte, dass mein Mann dieses wunderbare Stück uralter, gewachsener Kulturlandschaft erführe.

Leider sah die Wirklichkeit sehr viel anders aus. Unser Zug fuhr tatsächlich in die Schlucht ein und hielt an einem Bahnhof, dessen ich mich gut von vergangenen Reisen erinnerte. Aber dann fuhr er weiter und … halt, halt, halt! Er fuhr in eine völlig verkehrte Richtung! Denn er erklomm die Höhen der Rheinschlucht und fuhr ohne jegliche weitere Sicht auf den Fluss durch eine unscheinbare Mischung aus Feldern, Brachland und Industrieparks. Die Halte waren lang. Die Aussicht hatte man auf Baumärkte und Reklametafeln anstatt auf das emsige Alltagstreiben einer Stadt am Fluss. Ich hätte heulen können. Wir hätten ebenso gut den schnelleren Zug nehmen und die Reise rascher hinter uns bringen können. Hier war ein Stück meiner Reisegeschichte für immer in den Schlund liebevoller, unwiederbringlicher Erinnerungen geglitten.

Erst vor kurzem veröffentlichte die Suburban Times einen Artikel, dass eine der schönsten Passagierzugstrecken in Western Washington bald nicht mehr befahren würde. Also beschlossen mein Mann und ich, dass wir die Gelegenheit beim Schopf packen und zumindest noch einmal einen Passagierzug von Tacoma nach Olympia besteigen müssten, bevor das geschähe. Es war interessant herauszufinden, dass die Plätze von einem Schaffner und nicht elektronisch angewiesen werden und dass handgeschriebene Kontrollabschnitte in eine Spalte über den Sitzen geklemmt wurden statt der Verwendung einer digitalen Anzeigentafel wie in deutschen Zügen. Der Fußraum war unglaublich großzügig, sogar in der Touristenklasse. Und dann fuhr der Zug an und passierte Ruston Way, sprang aus einem Tunnel bei Salmon Beach und fuhr vorbei an der Narrows Bridge und Titlow Beach. Man konnte Day Island von seiner normalerweise nicht sichtbaren Rückseite sehen, fuhr über eine der letzten Hubbrücken Amerikas über Chambers Bay, vorbei an Steilacoom, durch die Cormorant Passage mit einem prächtigen Herbstpanorama von Ketron Island und reiste bis zum Schiffswrack im Nisqually-Delta, wo die Gleise dann landeinwärts abbiegen. Unsere Reise endete mitten im Nirgendwo am Centennial Bahnhof in Olympia-Lacey, einem hübschen kleinen Gebäude mit einer Bushaltestelle und einem funktionierenden alten Telefon.

Ein paar Stunden später befanden wir uns wieder auf dem Rückweg. Die verschneiten Olympic Mountains waren auf der anderen Seite des Sunds zu sehen. Es muss einer der besten Reisetage für diesen einmaligen Gleisabschnitt gewesen sein. Die Menschen standen in den Gängen und hielten ihre Kameras und Smartphones Richtung Fenster. Ich habe wohl an diesem Tag mehr Fotos gemacht, als ich das an einem Tag getan hätte ohne das Wissen, dass ich hier zum ersten und zum letzten Mal sein würde.

Ich will hier nicht die Politik von Eisenbahngesellschaften diskutieren, zumal die Entscheidung, in Zukunft nur noch Frachtzüge an der Küste des Puget Sound fahren zu lassen, ohnehin bereits ein fait accompli ist. Ich will nicht diskutieren, dass Fracht sich nicht um Aussicht schert, Passagiere sich aber sehr wohl. Ich werde mich mit dem Gedanken trösten, dass zumindest diese einsamen Menschen am Kopf eines Zugs mit oft über hundert Frachtwagons dieses unglaubliche Stück Landschaft auf ihrer endlosen Reise sehen können werden. Und ich werde ihnen winken, während sie uns vielleicht unter einer Brücke passieren oder wenn wir Boot fahren.

Beschaulichkeit

Fühlen Sie sich gestresst wegen Ihrer Weihnachtsbesorgungen (und beschreibt allein das Verb „besorgen" nicht schon den Grund dafür gut genug?!)? Wegen gestresster Menschen, die es andere spüren lassen mit aggressiver Fahrweise und Nörgelei in langen Supermarktschlangen? Hoffen Sie, die Feiertage einfach nur schnell herumzukriegen? Obgleich Sie sie wirklich mögen und sich jedes Jahr erneut darauf freuen? Dann sollten Sie vielleicht einen Schritt von dem, was Sie gerade tun, zurücktreten und eine kleine Pause einlegen.

Vielleicht sollten Sie nur auf Ihre Erfolge in diesem Jahr zurückblicken. Nein, vergessen Sie Anzahl, Größe oder Auszeichnungen. Vielleicht blicken sie zurück auf die Menschen, die Sie zum Lächeln brachten. Auf die Menschen, denen Sie Liebe geschenkt haben. Oder auf jene, die Sie nicht einmal mochten, für die Sie sich aber bemüht haben. Schauen Sie auf das zurück, was *Sie* zum Lächeln gebracht hat. Ich möchte fast wetten, dass dies alles Dinge waren, die Sie sich nicht hätten kaufen, um die Sie nicht in Wettbewerb hätten treten können.

Wen kümmert es wirklich, wie groß Ihr Weihnachtsbaum ist (oder ob Sie überhaupt einen haben)? *Sie* feiern mit oder ohne. Wen geht es etwas an, wie schwer Ihr Truthahn oder Schinken ist und wieviele Beilagen Sie zubereiten? Stressen Sie sich deswegen weniger – die meisten von uns haben ohnehin mehr als genug auf dem Tisch. Denken Sie

lieber an all das, was sie mit den Resten anfangen müssen …
bereiten Sie von Anfang an weniger zu. Wer sagt überhaupt,
dass es Schinken oder Truthahn sein muss? *Sie* bereiten es zu
und essen es. Und jeder bei Tisch wird sich darüber freuen, eine
gemeinsame Mahlzeit zu genießen. Wen kümmert es, wie groß,
wie zahlreich oder wie teuer Ihre Weihnachtsgeschenke sein
werden? Setzen Sie sich ein Limit. Man muss nicht Schulden
machen, weil ein Juwelier Ihnen seine Freundschaft anbietet.
Man muss nicht jeder Mode hinterherrennen, nur weil einem
Freunde erzählen, man müsse dies oder jenes haben (ich hatte
genug von solchen in meiner Vergangenheit, Danke sehr!).

Lehnen Sie sich also zurück und überlegen Sie, was
Sie sich für Ihre Feiertage am meisten wünschen. Dann machen
Sie sich eine Liste, was Sie wirklich tun müssen, um das zu
erreichen. Dann essen Sie ein Stück Schokolade oder einen
Cracker mit Käse. Atmen Sie! Das Leben ist nur so stressig, wie
wir es uns selbst machen. Und glauben Sie mir, eine Menge
Festtagsstress ist hausgemacht.

Ein weiteres wundervolles Mittel gegen Stress ist – ein
Spaziergang. Auch hier: Denken Sie einmal nicht an
Wettbewerb. Es ist egal wie weit oder wie schnell, solange Sie
es für sich tun. Lassen Sie Ihr Smartphone daheim; die Welt
dreht sich auch ohne es weiter, und Sie müssen nicht ständig
erreichbar sein. Erinnern sich nicht die meisten von uns noch
an Telefone, die an die Wand geschraubt waren? Wir
unternahmen Ausflüge und reisten ohne transportable Telefone,

und niemandem am Ende der Leitung wäre es deswegen schlechter gegangen.

Lassen Sie Ihren MP3-Player zu Hause. Genießen Sie die Stille. Oder eher: Genießen Sie die Geräusche der Natur. Können Sie Vögel am Ruf unterscheiden? Murmelt dort irgendwo im Wald ein Bach? Hören Sie das Lecken der Wellen am Ufer? Lachen da Kinder? Hören Sie den Wind in den Zweigen der mächtigen Bäume rundum flüstern?

Atmen Sie tief ein und riechen Sie. Um diese Jahreszeit ist die Luft herb vom Verrotten des Laubs und von Früchten, aber auch würzig vom Duft der Nadelhölzer und des Regens. Sie reinigt die Nase. Sie kühlt Ihre Wangen. Vielleicht haben Sie Ihren Spaziergang mit den Händen in den Taschen oder in Handschuhen begonnen, und jetzt ist es Ihnen warm genug, Ihre Hände frei zu bewegen.

Genießen Sie die Farben des Winters – das Rot und Gelb der letzten Blätter an den Bäumen, die Formen des Schilfs in den sumpfigeren Teilen dieses Sees, die glänzenden weißen Beeren in dem Busch dort drüben. Wie sich Ihr Weg durchs Unterholz schlängelt. Wie sich der See kräuselt, wo eben eine Ente eingetaucht ist …

Ausreden, nicht spazieren zu gehen, sind schnell gefunden. Und ich kenne sie nur zu gut. Ist es kalt und regnet es draußen? Ziehen Sie sich warm an, und nehmen Sie einen Schirm mit. Je weniger Menschen draußen sind, umso größer ist die Geruhsamkeit. Sie haben keine Zeit? Ach, denken Sie an all die Stunden, die Sie twitternd oder auf Facebook verbringen, bedeutungslose Seifenopern anschauen oder durch Fernsehkanäle schalten. Nehmen Sie einen Teil davon und wandeln Sie ihn in einen Spaziergang um. Sind Sie erst einmal mittendrin, verspreche ich Ihnen, dass ein Gefühl des Stolzes und des Gleichgewichts Besitz von Ihnen ergreifen wird. Sie tun etwas für sich. Sie haben Zeit, mit sich selbst zu sein, Ihre Pläne zu klären, Ihre Strategien zu überdenken.

Ich habe die düstersten, regnerischsten Tage hier in Washington oft als die lohnenswertesten für Spaziergänge erlebt. Wenn Dampf über dem Waughop Lake aufsteigt und sich Enten ins Schilf ducken. Wenn die ersten Schneeflocken über dem kargen Land des Nisqually-Deltas wirbeln. Wenn Nebel die Inseln zwischen Chambers Bay und der anderen Seite des Sunds verhüllt. Wieder daheim, voll erfrischt, merke ich, dass meine Einstellungen auf "Normal" zurückgestellt worden sind und dass ich tatsächlich doch Zeit und Gelassenheit genug für meine Weihnachtsvorbereitungen habe. Ich muss mir nur härter ins Schienbein treten, öfter einmal vor die Haustür zu gehen.

Dinge und ihre Namen

Haben Sie je gezögert, etwas bei seinem richtigen Namen zu nennen? Nicht, weil Sie den Namen wussten, aber er Ihnen eine Sekunde lang nicht eingefallen ist – sondern weil sie ihn nicht kannten? Es ist noch seltsamer zu erkennen, was Sie sehen, und seinen Namen in Ihrer Muttersprache zu kennen, aber nicht in der Fremdsprache, die Sie täglich benutzen. Oder nicht zu wissen, was Sie sehen, und seinen korrekten Namen zu finden. Das ist es, womit anderssprachige Immigranten ständig in ihrem neu erwählten Zuhause umgehen müssen.

Es kann amüsant sein, vor allem für die Menschen, die sich nicht bewusst sind, dass ein einigermaßen fließender Sprecher wie ich immer mal wieder in solch eine Klemme gerät. Oft genug erkenne ich das Wort wieder, sobald jemand das Objekt benennt, nach dessen Namen ich gesucht habe. Das nennt man passiven Wortschatz, und jeder leidenschaftliche Leser hat vermutlich reichlich davon. Mein Englisch ist eine merkwürdige Mischung aus britischen und amerikanischen Wörtern – was vermutlich dafür sorgt, dass ich so manchen verwirre, sobald ich den Mund öffne oder meine Finger meine Gedanken tippen lasse.

Ein Fall, dessen ich mich besonders lebhaft erinnere, geschah im Frühherbst 2012. Mein Mann neckt mich immer noch manchmal damit. Wir arbeiteten gemeinsam im Garten, und ich benötigte dringend ein Gerät, das er zuvor benutzt hatte, das ich aber nirgends mehr sehen konnte. Ich zerbrach mir den Kopf und fand schließlich eine Lösung. Es hilft einem anderen manchmal zu verstehen, was man meint, wenn man das Aussehen eines Objekts beschreibt. Ich fragte meinen Mann also nach der „garden fork", d.h. Gartengabel (ohne zu wissen, dass es tatsächlich im Englischen ein Gerät dieses Namens gibt). Da wir uns um herabgefallenes Laub kümmern wollten, begriff er rasch, dass ich „rake", also Rechen meinte. Es ist gewiss nicht der einzige Begriff, den ich irgendwo in meinem Gehirn gespeichert habe, der mir aber an jenem Tag in dieser Fremdsprache einfach nicht über die Zunge wollte.

Ein anderer Fall drehte sich um ein putziges, pelziges Wesen im Mt. Rainier-Gebiet, das ich an einem Sommertag in meinem ersten Jahr hier entdeckte. Wie frustrierend zu wissen was ich sah – ein Murmeltier –, aber nicht seinen englischen Namen zu kennen. Man Mann nannte ihn mir, und den Rest des Sommers verwechselte ich ihn mit dem Markennamen eines britischen Lebensmittels mit ziemlich ähnlicher Aussprache. Ich hoffe, das Murmeltier vergibt mir.

Was mich bis heute deutlich mehr verstört, ist meine Unkenntnis vieler Lebewesen, die ich nicht benennen kann, weil ich schlicht nicht weiß, worum es sich handelt. Und es ist schwierig, jedes einzelne herauszufinden. An einem meiner ersten Sommermorgen in Washington blickte ich hinaus auf unsere Terrasse und sah plötzlich etwas leuchtend Blaues auffliegen und verschwinden. Etwas leuchtend Blaues, das im gedämpfter gefärbten Deutschland nicht vorkommt. Ich brauchte Tage herauszufinden, wie der Vogel im Einzelnen aussah, da er zunächst sehr scheu war. Dann begann ich zu googlen. "Blauer Vogel, schwarzer Schopf" oder so ähnlich brachte mir als passendes Ergebnis "Steller's Häher". Es war weit schwieriger, den Namen eines anderen Vogels ohne Schopf heraus-zufinden, den Kalifornischen Buschhäher. Sie verstehen, was ich meine.

Ich war ziemlich gut im Benennen von Tieren und Pflanzen in Deutschland. Für meine Großmutter und meine Mutter war es selbstverständlich, wohin auch immer wir gingen, uns Kinder die besonderen Merkmale zur Identifizierung von Bäumen, Blumen, Büschen und Vögeln zu lehren ... Als Kind fand ich das unglaublich langweilig. Aber heute bin ich dankbar, dass sie mich irgendwie dazu brachten, doch zuzuhören und zu lernen.

Englisch als Fremdsprache zu sprechen bedeutet, dass man von der natürlichen Selbstverständlichkeit abgeschnitten ist, die Muttersprachler kennen – natürliche Objekte, die hier vorkommen, beim Namen zu nennen. Eine Freundin aus Alaska zeigte mir, wie eine Prachthimbeere aussieht. Eine gärtnernde Freundin nannte mir den Namen für Schachtelhalm, an den ich mich vage aus dem Schwarzwald erinnerte und der hier üppig im Garten unseres ersten Zuhauses wuchs – Horsetail. Ein befreundetes Ehepaar erkannte meine tiefe Frustration, die Vögel des Pacific Northwest nicht zu kennen und sandte mir ein Ornithologie-Buch – endlich kenne ich die Namen von Goldspecht, Meise, Rotkehlchen oder Kanadakleibern an unserem Futterplatz im Garten. Mein Mann hat weitere Bücher über Vögel und Pflanzen der Region hinzugefügt. Ich tue mein

Bestes zu lernen, was ich hier entdecke. Aber es besteht kein Zweifel, dass ich in einigen Aspekten immer der Einwanderer aus einem anderen Teil dieser Welt bleiben werde.

Nationalhymnen

Ich stamme aus einem Land, das lange Zeit jeglichen Nationalstolz aufgrund seiner schrecklichen Geschichte verloren hatte. Wir hatten die Erlaubnis verloren, die erste Strophe unserer Nationalhymne zu singen, weil sie im Dritten Reich als Rechtfertigung dafür gesehen wurde, Land zu erobern, nicht als Aufruf, eine Nation aus vielen Staaten zu bilden. So ziemlich jeder deutsche Fußballfan kennt die dritte Strophe, die jetzt Text unserer Hymne ist, auswendig. Das war nicht immer so. Und wir hören die Hymne auch recht selten.

Die deutsche Nationalhymne wird nur zu offiziellen Anlässen mit internationalem Kontext gespielt. Soweit ich weiß, wird sie nie bei innerdeutschen Sportereignissen gespielt. Andere europäische Nationen handhaben es mit ihren Hymnen genauso. So anders als das, was wir vom Star-Spangled Banner kennen. Grundsätzlich dienen sie dazu, die Wettbewerber unterschiedlicher Nationen zu welchem Anlass auch immer zu kennzeichnen. Bis in die 80er sah man die deutsche Fußball-Nationalmannschaft oft gelangweilt und lasch auf dem Rasen stehen, Kaugummi kauend, spuckend oder sogar im Gespräch miteinander, während die Nationalhymne gespielt wurde. Das alles änderte sich mit einem neuen Trainer, Franz Beckenbauer, einem ehemaligen Fußballstar, der wieder Eleganz und Stil in die Stadien brachte. Nicht nur war er der Trendsetter für Trainer, auf der Bank Anzug und Krawatte zu tragen, er machte es obligatorisch für das gesamte Team, die Nationalhymne zu singen. Die Haltung der Männer änderte sich vollkommen.

Heute singen diese jungen Männer die Hymne mit Hingabe und mitunter mit Tränen in den Augen, und der gesamte deutsche Fanblock singt mit. Auswendig. Und dann ... kein Applaus. Denn etwas so Sakralem wie einer Hymne applaudiert man nicht.

Erst unlängst, nach einer besonders übel vermasselten US-Hymne bei einem Basketballspiel, hörte ich zufällig eine Top Ten der am schlechtesten ausgeführten US-Hymnen der Sportgeschichte. Und ich war entsetzt. Vielleicht habe ich gerade einen Andy-Rooney-Moment; vergeben Sie mir also bitte mein Schimpfen. Es gibt Entschuldigungen für jeden Sänger, der es vermasselt hat. Manche sagen, sie seien so nervös gewesen. Andere sagen, es sei vielleicht die Grippe gewesen. Oder sie hätten ihren Aufschrieb in der verschwitzten Handfläche nicht lesen können. Im Ernst?

Der Star-Spangled Banner erzählt eine Geschichte. Er beschreibt. Er malt ein lebhaftes Bild. Und jemand kann sich der Worte einer Hymne nicht erinnern, die so oft gespielt worden ist, dass man sie vom bloßen Hören kennen sollte? Das sind doch alles professionelle Sänger da oben. Sie singen in ihrer Muttersprache. Sie erinnern sich an alle Songs, die sie je geschrieben oder zu ihrem eigenen Ruhm aufgeführt haben. Aber nicht an die US-Hymne?

Die Top zehn schlechtesten Ausführungen unserer Hymne stimmten mich zutiefst nachdenklich. Es scheint so, als würden all die Stars dieser Tage nur mit sich selbst angeben, während sie auftreten. Die wundervoll schlichte, aber anspruchsvolle Melodie, die beinahe wie das einsame Lied eines Kornetts klingt, ist offensichtlich zum Jahrmarkt für Interpreten geworden, die meinen darüberzustehen. So wie in „Wer kann am besten jodeln?" – und hier ist Jodeln nicht abwertend gemeint, sondern der Terminus technicus für eine Stimme, die ungestützt von einem Register zum anderen wechselt. Wer kann am längsten die Luft anhalten, während er die Worte „land of the free" singt? Und wer kann vielleicht sogar an dieser Stelle eine Quart höher singen, als die Originalkomposition es vorgibt? Hinterher gibt es eine Fernsehdiskussion, was wo schiefgelaufen ist. Und es geht immer um den Sänger, nicht um die Hymne. Das ist meiner Meinung nach der Grund, warum so viele Profis unsere Hymne nicht richtig ausführen. Sie haben es geschafft, die Hymne in einen inoffiziellen Wettbewerb untereinander zu verwandeln. Um sich selbst. Und das Publikum beklatscht ihre Vorführung.

Vor einer Weile war ich bei einer militärischen Verabschiedung, und die Nationalhymne wurde von einer sehr jungen, sehr nervösen Dame gesungen. Als Semiprofi weiß ich, dass es Mut abverlangt, vor Publikum zu singen. Sie sang die US-Hymne für ihren Vater, und sie sang sie von Herzen. Sie kannte ihre Worte, und sie verlieh ihnen Bedeutung. Sie intonierte nicht perfekt, aber sie ehrte die Hymne. Diese junge Dame war kein Star, aber einfach echt. Ich glaube, alle Zuhörer fühlten sich berührt. Das ist es, was unsere Hymne bei uns erreichen sollte. Das war, als ich dies eine Mal ihrer Sängerin applaudierte.

Geschichte

Vor einer Weile hatte ich eine wundervolle Lesungsreihe in einem Garngeschäft nahe Lakewood Town Center. Ich las ein Kapitel aus einem meiner Romane vor einer Gruppe netter, geistreicher und sehr gebildeter Zuhörer. Das Kapitel enthielt die Geschichte einer meiner Romanfiguren inklusive einer kurzen Zusammenfassung der deutschen Geschichte des 20. Jahrhunderts. Am Ende der Sitzung wurde ich gefragt, wieviel davon ich hatte recherchieren müssen. Ich sagte: „Nichts". Und dann wurde mir klar, warum.

Teil meiner Lebensgeschichte ist es, Familiengeschichte zu hören. Meine Lieblingsbilderbücher waren Fotoalben. Wenn meine Großmutter uns besuchte, erzählte sie stets aus ihrer Jugend, aber auch ihrem Leben während des Zweiten Weltkriegs und kurz danach. Im Grunde war unsere Familie so durch den Krieg betroffen, dass dieser Teil der Geschichte Teil unserer Familiengeschichte wurde. Sicher, später in der Schule wurden all die politischen Details aufgefüllt. Und Deutschland war eindringlich damit, als ich aufwuchs. Wir hörten über das Dritte Reich in den Schulfächern Deutsch, Geschichte, Religion, Kunst, Musik, Politik. Wir wurden mit Fakten aus Dokumentationen und Hollywood-Filmen überschüttet. Wir waren uns seiner auf Schritt und Tritt bewusst, wenn wir erklärende Straßenzeichen lasen und die Inschriften auf Mahnmalen. Wir begegneten ihm auf Reisen in unsere Nachbarländer. Meine Generation ist immer noch entsetzt und zutiefst darüber beschämt, was ein Volk zulassen kann.

Aber Geschichtsstunden umfassten so viel mehr. Wir lernten das Fach von Klasse 7 bis 13 im Gymnasium – und es war faszinierend, welche sich wiederholenden Muster erkennbar wurden. Welche gewitzten oder fiesen Persönlichkeiten Wohl oder Wehe für ihre Nation schufen. Es war eine packende virtuelle Reise um die Welt, und heute wünschte ich, es hätte mehr davon gegeben und ich hätte so viel besser aufgepasst. Ich lerne immer noch bei jeder Gelegenheit Geschichte, und ich denke, es ist wie geografische Reise und Zeitreise miteinander verquickt.

Als ich hierher kam und ich zum ersten Mal an diesen typischen Western-Hausfassaden wie im Zentrum von Roy oder Wilkeson vorbeikam, war ich verblüfft. Umso mehr, wenn ich einen Pub betrat und Männer in Stetson und Cowboystiefeln vorfand. Erst da fiel bei mir der Groschen. Auch das ist Teil fortlaufender Geschichte!

Ich bin mit Literatur und Filmen aufgewachsen, die vom Wilden Westen handelten. Ich wusste vom Oregon-Trail und war völlig fasziniert davon. Heimlich beneidete ich jene abenteuerlustigen Siedler, die gewagt hatten, die Grenze des Unbekannten immer weiter nach Westen zu schieben, bis sie Washington Territorium erreichten. Ich dachte oft, dass es mir gefallen hätte, daran teilzuhaben. Ich hatte keine Ahnung, dass ich eines Tages tatsächlich hier leben und begreifen würde, dass die phantasmagorischen Geschichten der Western-Filme eigentlich vor nur etwas über 150 Jahren in der Vergangenheit Western Washingtons passierten.

Ich mag ja viel Weltgeschichte in der Schule, durch unsere Familiengeschichte, Literatur oder Filme gelernt haben. Aber ich muss es immer noch in meinen Kopf bekommen, dass hier vor nur 200 Jahren noch reine Wildnis war und dass nur Indianer über die Prärien, die Seen und die Buchten dessen zogen, was einst South Puget Sound heißen würde. Dass sich dieser Teil der Welt in Rekordgeschwindigkeit von Blockhütten zu Hochhäusern entwickelte, vom Kanufahren als schnellster Transportmöglichkeit zu Interstate-Straßen, von der Rodung mittels Äxten zu Agrarflugzeugen. Dass manche Menschen hier direkt mit jenen Pionieren verwandt sind, die dieses Land besiedelten. Das heißt, ich habe vielleicht Weltgeschichte gelernt, aber niemand bekommt dadurch ein genaueres Bild von einem anderen Land.

In der vierten Klasse wurden wir Heimatkunde gelehrt. So etwas lese ich dieser Tage nach – die Geschichte dieser Gegend. Das lerne ich als Museums-führerin im Steilacoom Historical Museum. Dem begegne ich, wenn ich Freunde treffe und über ihre Erfahrungen spreche. Natürlich wissen sie, wann bestimmte Ereignisse in der Vergangenheit ihrer Familie stattfanden. Natürlich werfen sie mit Namen von Menschen und Orten um sich. Weil es gelebte Geschichte gewesen ist, nicht gelernte Geschichte. Und glauben Sie mir, für mich ist Ihre Geschichte genauso spannend wie meine für Sie.

Sommerende

Obwohl es dem Kalender nach noch ein paar Wochen lang Sommer sein wird, wissen wir alle, dass Labor Day so ziemlich überall in den Vereinigten Staaten das Ende des Sommers markiert. Bestimmt hier in Western Washington. In Deutschland ist der Tag der Arbeit im Mai und markiert den Beginn des Frühsommers. Soviel zum Zweck der Feiertage und was sie für die Menschen wirklich bedeuten. Hinsichtlich des Sommerendes empfinden die Menschen aber wohl überall ziemlich das Gleiche.

Hier werden sich die Fähren mit den letzten Sommergästen füllen, die ihre Inselhäuser verlassen. Die Straßen werden von Campern und ihren Wohnmobilen auf dem Weg nach Hause verstopft sein. Der Flughafen SeaTac wird von Passagieren überfüllt sein, die entweder nach Hause irgendwo anders in den Staaten fliegen oder aus ihren Ferien zurückkehren. Und eines Abends in der Lieblings-Eckkneipe stellt man dann fest, dass plötzlich wieder nur man selbst und die Stammgäste da sind.

Es ist auch die Jahreszeit, in der manche den Gedanken an einen prachtvollen Herbst überspringen, der mit leuchtenden Farben gegen einen blauen Himmel oder die ersten tiefhängenden grauen Wolken wartet. Sie erklären, dass es nur noch soundso viele Wochen bis Weihnachten dauert, und scheinen zu rechtfertigen, dass Supermärkte bereits Weihnachtsprodukte anbieten und das Fernsehen wieder Weihnachtsfilmmarathons ausstrahlt. Die ersten Bauernmärkte

108

verschwinden von der Bildfläche, obwohl noch so viel bunter Erntereichtum vorhanden ist. Aber ich vermute, das liegt an der Sorge um die Besucherfrequenz während kühlerer, nasserer Tage, die ihre Anzahl so plötzlich reduziert.

Schulen beginnen, auf ihren Anzeigentafeln alle möglichen Aktivitäten anzukündigen. Schulbusse, die den ganzen Sommer lang irgendwo unsichtbar geparkt waren, füllen die Straßen wieder in Karawanen, und man sollte sich besser bewusst sein, dass wenn sie anhalten, man selbst auch anhält, damit Kinder die Fahrbahn sicher überqueren können. Es bedeutet, dass in Schulzonen die Geschwindigkeitsbegrenzungen wieder strikter überwacht werden. Und dass man, wenn es morgens länger dunkel bleibt, besser die Straßenränder beobachtet, falls ein paar Kinder in der trüben Dämmerung auf ihren Schulbus warten.

Sommerende bedeutet auch, dass man die letzte Gartenernte hält und sie entweder einweckt oder mit den Nachbarn teilt. Dass die Bäume im Garten kahler und die Eichhörnchen pelziger werden und die Dachrinnen sich mit Blättern füllen. Es bedeutet, dass man die Ventilatoren und Klimaanlagen aus- und die Lichter wieder früher einschaltet. Die Gartenmöbel werden vielleicht ein letztes Mal an einem der wärmeren Septembertage genutzt. Und abends hört man die Kanadagänse in Formation vorüberfliegen, ihr Schrei ähnlich dem Klang einer rostigen Gartenpumpe, und sich für den Weg nach Süden versammeln.

Das Sommerende fühlt sich zweifellos melancholisch an. Sehr sanft melancholisch mit der Erinnerung an nackte Haut und Eiscreme, das Gießen durstiger Beete und an staubige Landstraßen, an saftige Beeren an Büschen und Kinderlachen aus geheimnisvollen Gärten. Es trägt in sich den bohrenden Schmerz der in Schlaf fallenden und sterbenden Natur, von Farben, die so lebhaft sind, dass wir wissen, sie können nicht andauern. Es bringt ein Gefühl der Einsamkeit und des sich Daheim-Verkriechens.

Sommerende – eine letzte Bootstour auf dem Sund, ein Lebewohl an Wasserparks und Brunnen, eine letzte Wanderung in den Bergen, bevor der erste Schnee auf die Gipfel fällt.

Sommerende – und das Jahr geht weiter, jedes Jahr scheinbar schneller.

Sommerende.

Aber wir wissen, dass im nächsten Jahr wieder ein Sommer kommt.

Service-Stars

„Servicewüste Deutschland" – leider ist das ein Spitzname, den sich mein Geburtsland selbst verpasst hat. Zumindest stimmte das häufig, als ich dort noch lebte. Wer weiß, woher und wann das aufkam? Ich vermute, es begann, als Deutschland sich vom Zweiten Weltkrieg erholte. Zuerst trug fast jeder dazu bei, das Überleben in einem völlig zerstörten Land zu ermöglichen. Aber mit dem Beginn einer gesunden Wirtschaft, der Fresswelle der 50er und der Reisewelle der 60er vergaßen eine Menge Menschen, was es heißt beizutragen. Die ersten sogenannten Gastarbeiter wurden aus Italien nach Deutschland transportiert. Später kamen mehr aus allen möglichen Mittelmeerländern. Mit dem Verschwinden des Eisernen Vorhangs trafen Menschen aus den ehemaligen Ostblockländern ein.

Heute befindet sich ein Großteil der deutschen Gastronomie in ausländischen Händen. Ebenso kleine Lebensmittelgeschäfte und Delikatessläden, Tankstellen, Reinigungen, Schuhreparaturen und Schlüsseldienste. Versorgungsdienste wie die Müllabfuhr beschäftigen zumeist Immigranten. Handwerke wie Zimmerarbeit, Straßen- oder Hausbau, Installation oder Automechanik werden oft von Kindern einstiger Einwanderer erlernt. Während Deutsche mehr Geld verlangen oder weniger Service bieten, verlassen sich deren Geschäfte auf Traditionen, in denen die Familie eine große Rolle spielt – und das ermöglicht ihnen, guten Service zu niedrigeren Preisen anzubieten. Falls sich jemand beschwert, dass so viele Geschäfte und Services nicht mehr in deutschen Händen sind: Der Wunsch nach schnellem Geld bei möglichst wenig Aufwand ist der traurige Grund.

Als ich in einer Kleinstadt in Washington ankam und versuchte, mich zurechtzufinden, wurde mir klar, dass Service keine Frage der Ethnizität ist. Denn meine ersten Erfahrungen sammelte ich mit Verkäufern in Supermärkten, mit Beamten in Verwaltungen und mit Personal in einem Militärkrankenhaus. Lassen Sie mich berichten.

Als ich hier zum ersten Mal allein einkaufen ging, musste ich natürlich Gang für Gang nach allem absuchen, was ich wollte. Ich brauchte sehr lange, um ans Ende meiner sehr kurzen Liste zu gelangen, und viele Umwege und Rückwege zu einer Reihe von Gängen. Fragen Sie mich nicht warum – einer der Artikel die ich unbedingt „brauchte", waren Anchovis-Filets, und ich konnte sie einfach nicht finden. Dass ich nicht wusste, wie das Produkt aussehen würde (Kam es im Glas oder in der Dose?), machte es nicht einfacher. Eine Verkäuferin bemerkte meine Hilflosigkeit und fragte mich, wonach ich suche. Ich erwartete nicht viel Hilfe von ihr. Ich erwartete allenfalls, in einen anderen Gang geschickt zu werden – weil das so für gewöhnlich in Deutschland geschieht: „Das ist da hinten." Stattdessen führte mich die Verkäuferin zu einem bestimmten Gang und suchte die Regale ab, bis sie die Dose gefunden hatte, nach der ich gesucht hatte. Seither bin ich diesem Supermarkt treu geblieben und habe den freundlichsten Service erlebt, den man sich nur vorstellen kann. Ich fühle mich sehr wohl dort, und ich habe mit einigen Angestellten echte Freundschaften entwickelt – darunter mit der Dame, die mir jenes erste Mal geholfen hatte.

Grummelige Beamte in Behörden? Einen Monat nach meiner Ankunft hier musste ich zur Sozialversicherung gehen, da meine Greencard nicht mit der Post gekommen war. Die Dame am Schalter konzentrierte sich nicht nur auf ihre Arbeit, sie schien auch zu wissen, was mir Sorge bereitete. Sie sah also nicht nur im Computer nach, sondern füllte tatsächlich mit mir die Formulare aus – und schon am nächsten Tag hatte ich meine Papiere im Briefkasten. Das nenne ich kundenorientiert! Der Service war freundlich und makellos. Sicher, auch deutsche Behördenangestellte sind freundlich. Aber zumeist kommunizieren sie nicht auf so persönlicher Ebene, wie ich es hier in Washington State erlebe.

Obwohl ich zahllose Gerüchte über das unfreundliche Personal eines nahen Militärkrankenhauses gehört hatte, wollte ich es doch selbst sehen, als ich einmal in die Notaufnahme musste. Nicht nur war der Rezeptionist äußerst freundlich, auch die Schwester, die mich von dort aus übernahm. Ich wette, sie verdiente kein Vermögen, aber sie verschenkte einen Reichtum an Warmherzigkeit und emotionaler Unterstützung. Später sorgte sie dafür, dass ich mich im Wartezimmer nicht vergessen fühlte, und kam immer wieder, um nach mir zu sehen. Erinnerungen an eine Zeit fluten zurück, die ich als Jugendliche in einem deutschen Zivilkrankenhaus verbrachte. Die Schwestern dort ließen mich, einen sehr schüchternen

Teenager, der zu scheu war, um irgendetwas zu erbitten, in meinem Krankenbett eine ganze lange Nacht lang dursten, und sie entließen mich beinahe noch mit einer Kanüle im Arm. Ich erinnere mich barscher Schwestern in einem anderen deutschen Krankenhaus mit kirchlicher Anbindung. Ich erinnere mich an deutsche Ärzte, die nicht erklärten, dass sie eine kleinere Operation vornahmen, bis sie vorüber war. In Arztpraxen und Krankenhäusern hier fühle ich mich wie eine Person, nicht wie ein Fall, der durchgepeitscht werden muss. Das nenne ich einen holistischen Ansatz der Medizin.

Hier gibt es zahllose Situationen, die jeder Tag für Tag erlebt. Wenn Sie hier aufgewachsen sind, sind Sie das vermutlich gewohnt. Ich finde das Maß an individueller Einbringung in allen möglichen Institutionen und Geschäften oft außergewöhnlich. Dieser hohe Servicelevel wird oft an Orten geliefert, an denen ich ihn nicht erwarte. Er wird nicht nur von ethnischen Minderheiten angeboten, die sich damit ihr Brot verdienen. Ich finde ihn auf allen Ebenen der Hierarchien und in allen Ethnizitäten. Und ich merke ganz bestimmt, wie sehr mein tägliches Maß an Wohlbefinden auf diese freundlichen Service-Begegnungen zurückzuführen ist.

Leuchtkraft, Aromen, Düfte

Unlängst stand ich bei den Kühlregalen eines örtlichen Supermarkts und suchte nach meiner üblichen Marke für saure Sahne. Sie war total ausverkauft, und so sah ich mir andere Marken an. Zu meiner völligen Überraschung stand auf einem der Becher "mit natürlichen Aromastoffen". Sie kennen mich inzwischen: Ich war nicht nur verdattert, ich war schlicht empört. Warum muss man einem natürlichen Produkt natürliche Aromen hinzufügen? Es sei denn das Produkt ist so schlecht und geschmacklos, dass man es von vorneherein nicht haben wollte?

Ich habe keine Ahnung, wieviele Produkte mit natürlichen Aromastoffen ich in meinem Leben gegessen habe. Immerhin ist einer der führenden Hersteller natürlicher Aromen nahe Heidelberg, eine Fahrtstunde entfernt von meiner Geburtsstadt in Deutschland. Ich habe mich nie mit Holzspänen versöhnen können, die vorgeben Erdbeeren zu sein, oder mit Schimmel, der Geschmacksrichtungen wie Pfirsich, Nuss oder Kokosnuss kreiert. Je älter ich werde, umso weniger macht es für mich Sinn, besonders weil viele dieser aromatisierten Produkte überhaupt nicht so schmecken wie das ursprüngliche Geschmackserlebnis. Und ich weiß nicht einmal, welche Chemie ich damit einnehme. Nun, ich vermute eine Menge Fruchtaromen gehen in Süßigkeiten – das ist schon an sich keine gesunde Nahrung, richtig? Aber muss ich Apfelsaft mit Erdbeeraroma haben? Oder Pseudofrucht im Joghurt, die,

115

aromatisiert und eingefärbt, das Erlebnis vorgaukeln soll, dass man eine Erdbeere oder eine Blaubeere esse?

Ach, da kommt mein nächstes Lieblingsthema: Lebensmittelfarben. Und ich bin mir ganz sicher, dass ich in Deutschland nie solchen Mengen begegnet bin. Was mir hier zuerst auffiel, war blaue Zuckercreme. Ich glaube, hier in Washington State sind die Verkaufszahlen für blaue Zuckercreme extrem hoch. Zum einen haben wir die Seahawks (mit einer zusätzlichen Grün-Nuance für den Kuchen). Und als Ehefrau eines ehemaligen Luftwaffenangehörigen hatte ich auch meinen Teil an mit blauer, die Zunge färbender Zuckercreme dekorierten Dessertkuchen. Es gibt regenbogenfarbige Kuchenteige und bunte Streusel, und nicht nur Kinder lieben sie. Natürlich lieben *die* so etwas! Es sind die älteren Generationen, die all diese Farbstoffe in Nahrungsmittel für Kinder stecken, um sie essbarer scheinen zu lassen. Mit dem Effekt, dass Naturprodukte wie Gemüse oder Obst weniger geschätzt werden als farbenfrohe Cupcakes oder Bonbons. Ich bin mir nicht sicher, dass wir ihnen damit einen Gefallen erweisen. Unlängst blätterte ich durch eine meiner Rezeptsammlungen und stieß auf ein Rezept für Ausbackteig. Es verlangte gelbe Speisefarbe. Warum?!

Und dann gibt es noch die Duftnoten. Duftkerzen, Duftöle, duftende Potpourris, duftendes Was-auch-immer – man weiß nicht einmal, was da drinsteckt. Ja, wir haben so etwas auch in Deutschland. Ich war nie ein Freund davon. Ich liebe die Eleganz weißer Spitzkerzen. Ich will keinen zusätzlichen Duft. Mein Zuhause ist erfüllt von Koch- und Backdüften. Gerade jetzt mischt sich der rezente Duft von Äpfeln aus dem Garten unserer Nachbarn darunter, zusammen mit dem Geruch verrottenden Laubs, wenn ich die Türen oder Fenster öffne. Es ist ein wunderbarer, gänzlich saisonaler Duft. Ich denke, man könnte erkennen, in welcher Jahreszeit wir uns befinden, wenn man einfach unser Haus betritt und schnuppert – ohne künstliche Meeresluft (ich frage mich, ob so etwas gekauft würde, wenn es wirklich nach verrottenden Holzpfählen, Algen und nassem Sand röche), Kürbismilch- oder Weihnachtskeks-Aromen. Warum sollte ich den delikaten Geruch eines Bratens mit der künstlichen Duftnote „Regen" vermischen wollen, die mich übrigens meistens an Wäsche frisch aus der Waschmaschine erinnert?!

Warum begehren wir das Künstliche, wenn wir das natürliche Original haben können? Es scheint ein menschliches Phänomen zu sein. Neulich kaufte ich in einem örtlichen Postamt Briefmarken. Sie zeigen Eis am Stiel in unglaublichen Farbkombinationen. Ich wollte nicht ein einziges davon essen, gäbe es sie wirklich. Ich bin mir sicher, sie würden so künstlich schmecken, wie sie aussehen. Und – würden Sie's glauben?! – wenn man an diesen Briefmarken reibt, riechen sie!

Aufsammeln und Abladen

Man spricht davon, wie geteilt dieses Land ist, und ich sehe es täglich. Nicht nur im Sinne der Politik – und Sie wissen ja, dass diese Kolumne sich nicht politisch äußern will. Ich sehe einen Teil der Bevölkerung, der ablädt, und einen anderen, der aufsammelt.

Erst letzten Oktober stieß ich auf eine Einladung der Stadt Lakewood, an einem Event teilzunehmen – es ging darum, bestimmte Stadtgebiete zu putzen. Ich höre immer, wie jeder findet, dass mein Geburtsland, Deutschland, so sauber sei. Und irgendwie stimmt das. Es ist nicht unbedingt, weil Deutsche ihren Müll nicht einfach wegwürfen, wo immer es ihnen beliebt. Es ist, weil wir Stadtreinigungsmannschaften haben, die täglich Parks, Fußgängerzonen und anderes patrouillieren, um den Müll aufzusammeln, den Menschen achtlos haben fallen lassen. Bezahlte Stadtreinigungsmannschaften. Also: Es ist ihr Beruf, wenn auch nicht ihre Berufung. Deshalb erinnere ich mich nicht daran, dass je irgendwelche Ehrenamtlichen in Scharen Areale gesäubert hätten und schon gar nicht auf Einladung hin zu einem „Event". Denn, geben wir's doch zu, es macht keinen Spaß aufzusammeln, was andere Leute in ihrer Faulheit zurückgelassen haben.

Ein weiteres typisches Konzept hierzulande ist „Adopt a Street". Man übernimmt tatsächlich die Verantwortung dafür, auf der gesamten Straße den Müll aufzusammeln, den andere Leute fallen gelassen oder aus ihrem Autofenster geworfen

118

haben. Wirklich?! Sie können nicht warten, bis Sie irgendwo geparkt haben, um dann Ihren Abfall in eine Tonne zu entsorgen, sondern Sie finden es in Ordnung, Flaschen, Mülltüten und den Inhalt Ihres Aschenbechers auf die Straße zu werfen? Warum lassen manche Leute ihren Müll, den sie nicht auf dem Fußboden ihres Zuhauses haben wollten, auf den Boden unserer Gemeinden fallen?! Nein, es ist kein Henne-Ei-Problem. Ganz offensichtlich kommt das Abladen vor dem Aufsammeln.

Das Phänomen geht in Supermärkten weiter. Wie oft sehen Sie Einkaufswagen in der anscheinend letzten verfügbaren Parklücke abgestellt? Ich denke, das ist so ziemlich das Faulste, was es gibt! Denn die meisten Parkplätze haben einen Ort, an dem man seine Einkaufswagen abladen kann – meist gerade einmal zehn Meter entfernt von Ihrem geparkten Auto. Ich werde diese gut gekleidete „Dame" nie vergessen, die ich voriges Jahr so um Weihnachten aus dem Safeway's in University Place herauskommen sah. Es hatte zu schneien begonnen. Und ich bin mir sicher, dass diese Dame ihre Kleidung nicht der Nässe aussetzen wollte. Nur etwa zehn Meter entfernt von ihrem Auto, in das sie ihre Einkäufe lud, war ein Einkaufswagen-Sammelplatz. Aber was tat sie? Sie hievte mühsam die Vorderräder ihres Einkaufswagens in ein Blumenbeet fünf Meter in der entgegengesetzten Richtung. Was sie vermutlich genauso viel Zeit und Mühe kostete, als hätte sie ihn ordnungsgemäß abgestellt. Sie dachte offensichtlich keinen Augenblick an den armen Verkäufer, der nicht nur alle Wagen aus dem Sammelplatz aus der nassen Kälte würde holen müssen, sondern auch den Wagen aus dem Blumenbeet. Wie freundlich, aufmerksam, und damenhaft!

Mein Geburtsland hat schon längst zum Phänomen wild abgestellter Einkaufswagen eine Lösung gefunden, weil Menschen offenbar zu faul sind, ein paar Schritte weiter zu laufen. Es hat den Pfandwagen eingeführt: Man steckt eine Münze in einen Schlitz am Griff, um den Wagen zu lösen -man erhält sie zurück, wenn man den Wagen im Sammelplatz abstellt, indem man seinen Wagen mit den bereits abgestellten verkettet. Keine willkürlich auf Parkplätzen abgestellten Einkaufswagen mehr.

Ich könnte gerade so weitermachen über die Achtlosigkeit mancher Menschen. Ich wüsste immer noch zu gern die Geschichte hinter der Hochzeitstorte, die Freunde von mir einmal auf einer Putz-Tour fanden, nachdem sie eine Straße adoptiert hatten. Ich werde nie verstehen, warum Menschen Müll überall einfach wegwerfen. Es ist absolut respektlos nicht nur gegen die, die ihn auflesen, sondern auch gegen die Natur. Und ich denke, die einzigen Orte, an denen Abladen und Aufsammeln in Ordnung ist, sind Flughäfen und Lebensmittelbanken.

Zwischen den Zeilen

Fremdsprachler sind oft verwirrt, wenn sie mit Deutschen in Deutschland sprechen. Was sollte es sein? „Du" oder „Sie"? Wann benutzt man Vornamen und wann Nachnamen? Und wann sagt man „Frau" und wann „Fräulein"? So viel einfacher im Englischen, richtig?

Nun, es ist alles eine Sache der Nähe und des Respekts, auch im Englischen. Denn selbst wenn ich Sie mit „Bob" oder „Kathy" anspreche, wenn ich in der Öffentlichkeit über Sie rede, wird es zu einem viel respektvolleren „Bob Nachname" und „Kathy Nachname", wenn nicht gar zu einem „Mr. Nachname" und „Mrs. Nachname". Und selbst „Mrs." könnte politisch unkorrekt sein, je nachdem wieviel ich über ihren Familienstand weiß. Immerhin könnten Sie eine „Ms." sein. Und haben Sie je diese kleine Veränderung bemerkt, wenn Sie eine eben geschlossene Bekanntschaft beim Vornamen ansprechen im Vergleich zu Vornamen bei alten Freunden? Das ist doch sicherlich anders, richtig?

Wie Sie alle wissen, sind Deutsche etwas unverblümter und geradeheraus. Es mag diese Unverblümtheit sein, an der Sie erkennen, wo Sie miteinander stehen. Es ist ganz bestimmt „Sie", kombiniert mit „Herr" oder „Frau", wenn Sie einem Deutschen gerade erst begegnet sind. Die Anrede „Fräulein" ist übrigens völlig veraltet.

Es gibt diese interessante Übergangsphase des Erwachsenwerdens, wenn man Teenager mit „Sie" und beim Vornamen anredet – eine Sitte, die deutsche Schulen üben.

121

Auch wenn sie keine Lehrerin war, hielt sich auch meine Mutter an diese Regel, die meinen Freunden signalisierte, dass sie sie nun als erwachsen ansah. Ich nehme an, es ließ jeden von uns um ein paar Zentimeter Selbstbewusstsein wachsen. Diese Sitte ist dem ziemlich ähnlich, wenn ich einem Fremden begegne, den ich schon die ersten Male, die wir miteinander zu tun haben, beim Vornamen anreden soll. Da ist dieser respektvolle Abstand zwischen uns. Obwohl wir im Englischen immer das scheinbar weniger respektvolle „you" benutzen.

Aber das hier ist Sache: Kennen Sie den Unterschied zwischen „you" und „thou"? Abgesehen davon, dass Ihnen im Vaterunser und in anderen uralten Texten die Wörter „thee", „thou", „thy" und „thine" begegnen? Denn tatsächlich denken die meisten Deutschen, „you" bedeute dasselbe wie „du" … was nicht der Fall ist. In Wirklichkeit ist es weit respektvoller. Ja, hier kommt der Linguist in mir durch … „Thou" war die sehr informelle und familiäre Anrede für Familie und Freunde. Einige unter Ihnen erinnern sich vielleicht, dass der altmodische Professor Baer in Alcotts „Little Women" seine Jo darum bittet, ihn um größerer Familiarität willen mit „thou" anzusprechen. "Ye" war die Anrede für mehrere Personen, was dies als Anrede für eine Einzelperson deutlich formeller macht. Über die Jahrhunderte und ab etwa 1700 galt „thou" als zu respektlos (und auch komplizierter mit seinen Konjugationen) und wurde durch das formellere „ye" ersetzt, welches durch Vokalverschiebungen und Änderungen der Schreibweise zu „you" wurde. Interessant, nicht wahr?

122

Wie weiß man also, ob ein Deutscher ein Freund ist? Ist es einfach das Anbieten der „Bruderschaft" mit beim Trinken bei eingehakten Armen und anschließendem Küssen? Den meisten Deutschen ist dieser Brauch zu rustikal. Mein Vater hat Freunde, die er sein Leben lang mit „Sie" und „Frau" oder „Herr" angeredet hat, und Freunde, die er beim Vornamen und mit „Du" anspricht. Das ist normal. Es funktioniert beidseitig. Aber diese deutsche Tradition ist über die Jahre aufgeweicht. Und vieles kommt daher, dass Deutschland über den Tellerrand auf die englischsprachigen Nationen schielt und die Kombination aus „you" und Vornamen als familiärere Annäherung auffasst, wenn doch alles um Nuancen geht.

Dieser Tage werden Ihnen eine Menge Deutsche erklären: „Sag Du, und mein Vorname ist …" Die Sache hat einen Haken – wenn man sich überwirft, ist es schwierig, wenn nicht gar unmöglich, zum distanzierteren „Sie" zurückzukehren. Und es ist einfacher, jemanden zu beschimpfen, wenn man in einer Beziehung weniger Abstand zulässt, indem man einander duzt. Was es zur perfekten Mischung macht, einander beim Vornamen zu siezen.

Habe ich es jetzt geschafft, Sie zu verwirren? Achja, Sprachen und ihre Veränderungen, beabsichtigt und unbeabsichtigt! Und wieviel in einem einsilbigen Wort liegt, um jemandem anders Respekt zu erweisen. Sogar noch zwischen den Zeilen.

Freizeitbeschäftigungen

Krebsfang

Es ist vorbei. Für die meisten Areale in Western Washington hat die Krebsfangsaison mit Labor Day geendet. Und obwohl sie mitunter anrüchige Herausforderungen hat, werde ich es vermissen, bis der Krebsfang im nächsten Jahr wieder die Sommersaison markiert. Und das heißt eine Menge für ein Stadtkind, das es erst gelernt hat, Krebse zu fangen, seit es in die Region South Puget Sound gezogen ist.

Ich wüsste nicht, dass es an der Nordsee oder Ostsee meines Geburtslands Deutschland überhaupt Krebse gibt. Falls es sie gibt, so habe ich zumindest nie welche gesehen. Die einzigen Krustentiere, an die ich mich erinnere, sind Nordseekrabben: hässliche, kleine graue Kreaturen, die schwer zu puhlen, aber unglaublich geschmacksintensiv sind. Es gibt keinen Freizeit-Krabbenfang, außer man zählt es dazu, wenn man mit einem Krabbenkutter und einer professionellen Mannschaft hinausfährt. Man darf ihnen dabei zuschauen, wie sie das Netz herunterlassen, es wieder hochziehen, die Beute kochen, und man darf ein oder zwei kosten. Der Rest wird verkauft. Diese Touren, als Zwei- oder Drei-Stunden-Ausflüge oft mit einem Blick auf die Seehundbänke gekoppelt, werden zumeist von Städtern gebucht, die an der Nordsee Ferien machen und versuchen, etwas Authentisches zu finden. Wenn es denn authentisch ist, einer Kuttermannschaft beim Krabbenfang zuzuschauen.

Mein Umzug nach Western Washington machte mich natürlich mit dem Freizeit-Krebsfang bekannt. Jeder kleine Ort am Sund scheint sein eigenes öffentliches Fischereidock zu besitzen. Mit Beginn der Krebsfangsaison, zumeist Anfang Juni, pilgern ganze Familien zu diesen Docks, manchmal mit Stühlen und Sonnenschirmen beladen und sogar mit vollen Picknickkörben. Es kann ganz schön eng auf diesen Docks werden, und es gestaltet sich fast zu einem freundlichen Wettkampf, wer schon wieviele Krebse gefangen hat. Eine der spannendsten Fragen ist die nach dem Köder – Putenschwänze, Lachsköpfe, Hühnerbeine oder lieber ein Spezialprodukt von einer der umliegenden Hafenläden? Manche Leute schwören auf das, was sie benutzen. Bisher haben mein Mann und ich ziemlich alles ausprobiert, selbst stinkendes Zeug, das Sie erschauern lassen würde, um Krebse zu fangen. Inzwischen bin ich mir fast sicher, es liegt mehr an Standort, Tageszeit und Tideumständen als daran, welche Köder man in seinen Köderkorb in der Reuse oder im Netz stopft.

Neuerlich operieren wir während der Krebsfangsaison lieber von einem kleinen Boot aus. Ich werfe unser einziges Fangnetz über Bord, wenn mein Mann mir sagt, wir hätten die perfekte Tiefe erreicht. Wir suchen die Umgebung nach Merkzeichen ab, sodass wir unser Netz gewiss wiederfinden, und dann brechen wir zu weiteren Erkundungen auf. Für gewöhnlich sehen wir gleich nach der Rückkehr von einem Törn durch stille Buchten oder vom Anlanden auf einer Insel wieder nach unserem Netz. Das bedeutet, dass mein Mann das Boot an die Markierungsboje heransteuert und ich mich über Bord lehne, um sie zu ergreifen, und das Seil Hand über Hand und so schnell wie möglich hereinziehe. Meistens sind die Krebse zu klein und ich setze sie wieder aus. Wir wollen auch keine Weibchen, selbst wenn es legal ist. 2016 fingen wir den ganzen Sommer nicht einen Krebs von essbarer Größe. 2017 waren wir ziemlich erfolgreich.

Ich hätte nie geglaubt, dass ich fingerfertig genug wäre, einen lebendigen Krebs aus dem Netz zu entwirren, ohne von den starken Zangen gekniffen zu werden. Diese wunderschönen Kreaturen landen dann in einem nassen, geeisten Handtuch in einer Kühlbox und werden nach Hause transportiert, sobald wir unseren Krebsfang-Trip abgeschlossen haben. Jetzt kommt der Teil, der für einen Krebsfänger der wohl demutsvollste ist: der Coup de Grâce. Um meine Nahrungsquelle voll zu würdigen, wollte ich es selbst erlernen. Ein schneller, harter Schlag auf den Kopf scheint humaner, als sie lebendig in kochendes Wasser zu werfen. Trotzdem bitte ich, bevor ich Krustentiere töte, sie um Vergebung. Wenn man die Eingeweide herausspült und die Seepocken mit einem Messer entfernt, bleibt ein Körper übrig, der nichts Ekelerregendes in den Dampfkochtopf auf dem Grill entlässt. Das Fleisch des Körpers ist übrigens eine blättrige Delikatesse, fantastisch zu essen, und verdoppelt leicht die Menge von Zangen und Beinen. Mit geklärter Butter oder als Krebsfrikadelle ist es ein kulinarisches Erlebnis. Für jemanden, der noch nie vorher mit Krebsen zu tun hatte, habe ich mich, glaube ich, ganz gut an diesen Teil vom Leben in Western Washington angepasst.

Aus irgendeinem Grund haben wir übrigens bisher immer nur rote Felskrebse in unserem Netz gefangen. Was nicht schlimm ist – sie sind lecker. Der legendäre, begehrte Dungeness-Krebs ist uns bislang allerdings entkommen. Aber man muss ja auch bisweilen einen Grund haben auszugehen, nicht wahr?

Reisen

„Ich würde so gern dahin reisen!" Wie oft höre ich das, nachdem ich jemanden habe wissen lassen, dass ich aus Deutschland stamme?! Glauben Sie mir: fast wöchentlich und zumeist von Menschen im Arbeitsalter. Ich frage nie, warum sie's nicht einfach tun. Ich habe längst gemerkt, dass es einen großen Unterschied im Reiseerleben von Europäern und Amerikanern gibt.

Ein großes Hindernis bzw. ein großer Vorteil sind Entfernungen und Reisedauer. Als ich noch in meiner Geburtsstadt lebte, brauchte ich lediglich zwei Autostunden, um Österreich, die Schweiz oder Frankreich zu erreichen. Ein Zweistundenflug hätte mich sogar nach Skandinavien, Großbritannien, Italien oder Polen gebracht … Sie sind im Bilde. Hier in Lakewood bringt mich eine Zweistundenfahrt nicht einmal an die östliche Grenze des Bundesstaats oder an die kanadische Grenze sowie gerade einmal zur Grenze nach Oregon. So groß ist Washington State!

Schauen wir uns jetzt einmal an, wieviel Urlaubszeit jemand in den Vereinigten Staaten verglichen zu einem Deutschen hat. Es ist keine Frage, dass mit der dreifachen Durchschnittszahl an Urlaubstagen ein Deutscher leicht je zwei Wochen auf zwei Urlaube verwenden und dann noch zwei Wochen für Familie, Notfälle und andere Dinge übrighat. In den USA haben viele Menschen Familie in anderen Bundesstaaten. Um in Verbindung zu bleiben, werden die bloßen 14 Tage für Familienbesuche verwendet, und jegliche

Erholungsreisen außer Landes müssen bis zum Rentenalter warten.

Auch wird es, will man außerhalb der USA reisen, sehr schnell sehr teuer. Der Flug hinaus kostet bereits ein Vermögen – stellen Sie sich vor, Sie wollten das mit einer vierköpfigen Familie unternehmen! Und die Reisekosten setzen sich im Reiseland fort – Hotels, Essen, Transportmittel, Souvenirs … Während man in Europa mit German Wings, Ryan Air und anderen Billigfluglinien fliegen kann. Dort wird das Reisen an ein Ziel außerhalb des Heimatlandes erst teuer, wenn man Europa verlässt.

Viele Amerikaner fürchten sich auch davor, außerhalb der USA zu reisen, weil sie keine Fremdsprachen beherrschen. Keine Sorge! Heute spricht fast jeder überall in der touristischen Welt Englisch. Nicht verstanden zu werden, ist also sicher kein Hindernis mehr. Dennoch ist es klar von Vorteil, eine Fremdsprache zu beherrschen. Zum Beispiel kann das Budget damit niedriger gehalten werden. Reisebüros, halten Sie sich jetzt die Ohren zu! Wenn Sie die Sprache Ihres Ziellandes beherrschen, können Sie Hotelzimmer und Transportmittel über örtliche Websites weit günstiger buchen und zudem manch besonderes Erlebnis genießen. Wer möchte schon in einer austauschbaren nationalen oder internationalen Hotelkette übernachten, wenn er einen typischen Landgasthof mit regionalem Frühstücksbuffet erleben kann?

Ich muss zugeben, dass Deutsche einen großen Vorteil gegenüber Amerikanern haben, wenn es um Urlaubsreisen geht.

Aber obwohl ich meinen Teil an internationalen Urlauben auf vier Kontinenten hatte und es mir immer gelungen ist, Geschäftsreisen während meiner Freizeit einen Hauch von Urlaub zu verleihen, habe ich furchtbar gern mein Heimatland bereist. Ich habe ausgedehnte Urlaube auf den Nordseeinseln verbracht (und noch nicht alle gesehen). Ich habe den Schwarzwald und den Bayerischen Wald der Länge und Breite nach erkundet. Ich habe so ziemlich ganz Bayern gesehen, von den Alpen bis hin zu den Seen und wunderschönen fränkischen Groß- und Kleinstädten. Ich kenne das Ruhrgebiet gut und habe seinen industriellen Charme lieben gelernt. Die Liste meiner Deutschlandreisen ist länger – und ich habe immer noch so viele Gegenden nicht bereist.

Was kann ich also einem Washingtoner vorschlagen, der gern reisen würde, aber weder das Geld noch den Mut oder die Zeit dafür hat?

Fangen Sie da an, wo Sie leben. Nehmen Sie eine Landkarte Ihres wundervollen Bundesstaats und schauen Sie nach, wo Sie noch nicht waren. Machen Sie eine Wunschliste. Mein Mann hat mich eine verfassen lassen, als ich hierherkam, und sie umfasste nur Western Washington. Sie war ziemlich lang. Nach sieben Jahren haben wir sie endlich abgearbeitet, und ich konnte sie erst unlängst triumphierend zerreißen. Aber raten Sie mal! Ich habe schon wieder eine neue! Sie hat Briefbogenlänge und betrifft nur den Staat Washington, Zeile um Zeile. Vielleicht brauchen wir weitere sieben Jahre, um all diese Orte zu sehen und all diese Gegenden zu erkunden, von denen ich träume. Es wird an Wochenenden geschehen müssen, wenn wir nicht rund um unser Haus arbeiten oder andere Aufgaben erledigen. Manche Ausflüge schließen vielleicht eine Übernachtung irgendwo ein. Es gibt so viele Abenteuer da draußen!

Der chinesische Philosoph Lao Tse sagte einmal, eine Reise von tausend Meilen begänne mit einem einzelnen Schritt. Es darf wörtlich genommen werden mit einem Schritt vor Ihre Tür und einer Landkarte in Ihrer Hand. Lassen Sie das GPS fallen, und suchen Sie wieder auf Landkarten nach magischen Orten. Reisen kann mit einer Tagesfahrt ins Blaue anfangen. Und wenn Sie am Ende Zeit für Reisen ins Ausland haben, werden Sie merken, dass Sie nicht nur ziemlich begeistert sind, außerhalb Ihrer Wohlfühlzone zu reisen. Sie werden Leuten dort erzählen können, wie wundervoll Ihre Heimat ist.

Gartenarbeiten

Bis ich in die Vereinigten Staaten kam, hatte ich nie einen Garten. Das ist überhaupt nicht ungewöhnlich. Im Vergleich zu dieser Nation ist mein Geburtsland, Deutschland, winzig, und seine fast 90 Millionen Einwohner leben in vielen Fällen buchstäblich aufeinander. Ich bin in Mehrfamilienhäusern aufgewachsen. Später habe ich Wohnungen ohne Garten gemietet. Ich habe vom Hochparterre bis hin zur fünften Etage gewohnt, immer mit Blick ins Grüne. Kein Garten davon hat mir gehört. Es sei denn, man nennt Balkonkästen Mini-Gärten.

Ich besaß solche Kästen. Immer. Ich war nie gut im Umgang mit Topfpflanzen. Ich habe es sogar geschafft, Kakteen zu ertränken oder verdursten zu lassen. Dasselbe mit Balkonpflanzen. Aber ich habe es ernsthaft versucht. Immer. Inzwischen schnitten meine Nachbarn in ihren Vorortgärten Rosen oder ernteten Zucchini und Erdbeeren, je nach Jahreszeit. Ich tröstete mich immer damit, dass sie ihren Rasen mähen und auch Laub rechen mussten. Um wieviel bequemer also, nur diese kleinen Balkonkästen zu haben.

Es wurde mir erst bewusst, dass ich einen Garten haben würde (wenn auch nur gemietet), als ich die ersten Bilder sah, die mein Mann mir emailte, nachdem er in die South Sound Region gezogen war. Ich war überrascht. Es war ein Grundstück an einem steilen Hang mit Apfelbäumen und einem in Stein gefassten Teich; es hatte steinerne Treppen und eine riesige teilweise überdachte Terrasse. Als ich fast ein Jahr nach

135

diesen ersten Bildern ankam, war es kalt und nass, und der Sommer begann sehr spät, erst Mitte Juli. Ich blickte meist durchs Fenster, gehüllt in Schichten von Hemden und Pullovern, und war erstaunt vom üppigen Grün, den leuchtenden Farben des Rhododendrons, den alles erobernden Himbeerranken und Schachtelhalm.

Wie das Jahr so fortschritt, sahen wir Äpfel von winzigen harten Bällen zu üppigen roten Kugeln reifen. Ich sammelte sie auf, wenn sie zu Boden gefallen waren, und kochte das rosigste Apfelmus, das ich je in meinem Leben gesehen habe. Zum ersten Mal konnte ich eine Ernte aus „meinem" Garten einfahren. Es war unglaublich befriedigend.

Abgesehen davon war das Gärtnern äußerst zeitaufwendig. Sobald ich das eine Ende des Grundstücks mit Unkrautzupfen und Ausschneiden erreicht hatte, musste ich zum anderen zurückkehren, um wieder von vorn anzufangen. Der Herbst lud eine Unmenge feuerroter Ahornblätter auf den Gehweg vor unserem Mietgrundstück – manchmal reinigte ihn die Stadt, meist rechten und entsorgten wir die Blätter auf einer Kompostdeponie.

Die Winter waren still und nieselig – die Madrona-Bäume mit ihrem satten Dunkelgrün im rückwärtigen Garten und der quietschgrüne Rasen an der Vorderseite des Hauses vermittelten uns eine Vorstellung wärmerer Jahreszeiten in den dunkelgrauen Tagen des Pacific Northwest. Und als im Januar die ersten Kamelien blühten, wusste ich, dass wir es in ein weiteres Frühjahr geschafft hatten, das in allen Farben einer

Malerpalette schimmern würde: im Gold der Osterglocken und Forsythien, in den zartrosa Schattierungen der Japanischen Kirsche, im Blau von Veilchen und Hyazinthen, im Überfluss der Farben von Azaleen und Tulpen.

Es ist wieder Herbst, und wir leben in einem anderen Haus mit einem anderen Garten in einer anderen Stadt. Der Rasen ist eben. Wir haben im rückwärtigen Garten einen Kreis aus neun Eichen (es muss einmal ein volles Dutzend gewesen sein). Das Wetter ist bislang mild gewesen, und dies ist einer der ersten grauen und nieseligen Tage, an dem ich diesen Artikel schreibe. Immer wieder schafft es ein Sonnenstrahl durch die Wolkendecke, und er verstärkt das Gold eines Laubbaums im Nachbargarten und das Granatrot unseres Japanischen Ahorns im Vorgarten. Ich denke, diese grauen Oktoberhimmel bilden eigentlich einen großartigen Hintergrund zu den unglaublichen Edelsteinfarben in unseren Herbstgärten. Regentropfen glitzern in den Büschen und späten Spinnweben. Es ist, als winkte uns die Natur mit einem Feuerwerk Auf Wiedersehen bis nach ihrer Winterpause.

Ich habe es gelernt, einen Rasenmäher zu benutzen, und eines Tages wird der letzte Mahd-Tag dieses Jahres gekommen sein. Ich habe unsere Reben beschnitten und die Rosen gestutzt – außer der letzten, die immer noch eine neue Knospe hervorbringt wie in Rebellion gegen den Herbst. Mein Mann und ich haben hunderte Pfund Blätter geharkt und sie zum Kompostplatz gebracht; die andere Hälfte des Laubs hängt noch in den Bäumen. Und während ich darüber nachdenke, bemerke ich, dass der Besitz eines Gartens mich noch näher mit der Natur verbunden hat als bisher. Mir macht das Mähen nichts aus, das Bücken, das Jäten, das Beschneiden, das Rechen, das Heben. Ich ernte all diese Farben mit meinen Augen und so viel Gutes mit meinen Händen. Hatte ich wirklich einmal in meinem früheren Leben ein paar verwelkende Hängekästen auf einem Balkon im fünften Stockwerk? Und habe ich soeben ein weiteres Pfund goldener und brauner Blätter auf unseren sorgsam geharkten Rasen segeln sehen?

Muschelsuche

Ich habe Meeresfrüchte schon immer geliebt. Selbst als kleines Kind in Deutschland liebte ich Muscheln – obwohl das sonst niemand in meiner Familie tat. Aber meine Eltern waren großartig und ließen mich alles probieren (solange es nicht entschieden gefährlich war). Meine ersten Muscheln waren mariniert, übergart und kamen aus dem Glas. Heute würde ich sie vermutlich verschmähen, weil ich weiß, wie sie schmecken können. Aber damals waren Muscheln etwas Exotisches, das man nur im Glas oder in der Dose in überteuerten Delikatessgeschäften bekam. Inzwischen erhält man sie schockgefroren in deutschen Supermärkten. Aber bis heute sind Muscheln eine Sache der Fischereiindustrie in meinem Geburtsland und sicher nicht die von Privatleuten.

Mein Mann hat mich mit der Möglichkeit der Muschelsuche in Washington bekanntgemacht. Zuerst lasen wir über diesen einzigartigen Mollusken des Bundesstaats nach, den Geoduck (sprich: Gu-idack), eine Delikatesse die im Handel bis zu 30 Dollar das US-Pfund kostet, je nachdem wo man sie kauft. Um es kurz zu machen – ich finde das Graben danach aufregender, als ihn zu essen. Man muss etwas finden, das aussieht wie die Spitze eines Elefantenrüssels, die knapp über der Wasserlinie aus dem Sand ragt, dann wie verrückt nach dem schwer fassbaren Riesen graben, der bis zu 150 Jahre alt werden kann, schließlich flach auf dem Schmodder liegen, den Arm bis zur Achsel ins gegrabene Loch gestreckt ... Sie verstehen: Es ist harte und schmutzige Arbeit für etwas, das für

139

mich selbst als Sashimi zäh und nicht allzu aromatisch schmeckt. Ich ziehe die deutlich kleinere, aber geschmacksintensive Horseclam jederzeit vor. Sie ist etwas einfacher zu graben (stellen Sie sich eine mit Seepocken überwachsene Elefantenrüsselspitze vor), etwas schwerer zu putzen (man muss die Haut abziehen) und köstlich in Eintöpfen, über Pasta und in Chowder.

Ich hörte erst später von Scheidenmuscheln. Vielleicht weil ich ohnehin kaum Muschelsucher kenne. Vielleicht weil die Buschtrommeln von der Pazifikküste nach Lakewood etwas länger brauchen als die vom Sund. Wir sahen uns Lehrfilme an und lasen über diese länglichen Muscheln nach, die die einzigen sein dürften, die man schießt. Ich scherze natürlich. Tatsächlich ist die einzige Alternative zum Graben mit den Händen oder einer Schaufel ein Rohr mit einem Griff und irgendwo oben einem Loch. Und dieses Werkzeug heißt Muschelkanone („clam gun"). Unser erster Versuch mit Scheidenmuscheln irgendwo auf Long Beach war per Hand und einer Schaufel – wir scheiterten kläglich. Aber es gelang uns, eines dieser Rohre zu erstehen, und beim letzten Licht jener Dezembernacht (wir waren nicht so geübt wie heute und hatten keine eigene Lichtquelle dabei) gruben wir tatsächlich unsere ersten drei Scheidenmuscheln aus. Wir trugen sie triumphierend zu unserer Behausung; ich briet sie paniert in der Pfanne. Ich werde nie diesen süßen, absolut charakteristischen Geschmack der Scheidenmuscheln an jenem Abend vergessen. Oder wie unser Zimmer noch Stunden nach dem Braten danach roch.

Heute sehen mein Mann und ich schon im November zu, dass unsere Muschelsuch-Lizenzen noch gültig sind. Wir suchen die Website des Washington Department of Fish and Wildlife ab in der Hoffnung, dass die Scheidenmuschel-Suchsaison bald eröffnet werde. In manchen Jahren ist das an Weihnachten, in manchen an Silvester. Wir prüfen Tidestände und -zeiten. Wir haben in all den Jahren unsere Lieblingsstrände, sogar Lieblingsübernachtungsorte gefunden. Wir suchen nicht nach Ausgefallenem, solange es eine anständige Muschelputzstation gibt. Wenn es zudem eine Pantry-Küche oder eine Taverne in fußläufiger Nähe gibt, in der wir uns nach der Muschelsuche mit einer heißen Mahlzeit aufwärmen können – umso besser.

Seltsam genug: Je schwieriger die Bedingungen für die Muschelsuche sind, desto herausragender sind die Erinnerungen. Vor ein paar Jahren am ersten Weihnachtsfeiertag waren wir in einem winzigen Motel irgendwo am Rande der Pazifikdünen. Es war ein düsterer Spätnachmittag, und sobald wir mit unserer Ausrüstung den Strand erreicht hatten, begann Regen herabzuprasseln. Bald waren wir nass bis auf die Haut, da er fast horizontal herabkam. Obendrein traf mich überraschend eine Welle und füllte meine Gummistiefel mit einer Ladung Seewasser. Wir gruben weiter. Wir wollten unsere Muschelhöchstzahl erreichen. Ist man einmal nass, kann man nicht nasser werden, richtig?!

Woran an diesem Abend erinnere ich mich noch? Wie schön diese zahllosen Menschen, die in der Dunkelheit gruben, mit ihren Laternen und Lampen aussahen – wie Glühwürmchen an einem eisigen, nassen Dezemberabend. Die freundliche Plauderei mit anderen Muschelsuchern in der Baracke mit der Muschelputzstation, in der wir Putztricks und Rezepte austauschten. Wie einladend die einsame Taverne am Ende der Straße wirkte. Wie wir die letzten beiden Sitzplätze an der Bar fanden und die Wärme und Trockenheit genossen, während wir uns an einem Glass Rotwein aufwärmten und auf unsere heiße Mahlzeit warteten.

Die eigentliche Muschelsuche ist für mich nur ein Teil eines fantastischen, ganzheitlichen Erlebnisses. Ich hätte es in meinem deutschen Leben nie erfahren. Und ich genieße es in Gänze vom ersten Planen im November bis hin zur letzten Muschel im Gefrierschrank.

Tage des Tanzens

Tanz wird in Europa großgeschrieben, und Gesellschaftstanz ist etwas, das jeder deutsche Gymnasiast für gewöhnlich im Alter von 14 oder 15 Jahren an einer örtlichen Tanzschule lernt. Ich habe es auch gelernt, und es machte mir so großen Spaß, dass ich meinem Bruder Walzer, Foxtrott, Blues, Cha-Cha-Cha und Rumba beibrachte. Später trat ich sogar einer Gruppe bei, die neben dem Singen traditioneller Volklieder und dem instrumentalen Musizieren auch traditionelle deutsche Volkstänze sowie historische Tänze wie Menuette und Quadrillen aufführte. Auch amerikanischer Square Dance stand auf dem Programm. Als mein Leben geschäftiger wurde, trat ich aus der Truppe aus. Aber ich plante Zeit genug dafür ein, zweimal pro Woche in meiner Geburtsstadt zur Tanzschule zu gehen. Offenbar war ich nicht ganz schlecht, da ich ständig die Damenschritte demonstrieren musste und sogar gefragt wurde, ob ich nicht in anderen Klassen Gastdame sein wolle. Mit anderen Worten: Obwohl ich nie so gut wie die Profis war, bewegte ich mich leidenschaftlich gern mit mehr als nur rhythmischen Schritten zur Musik.

Tanzen zu können, kam mir auch geschäftlich zugute. Die erste Firma, in der ich arbeitete, hatte bei ihren Weihnachtsfeiern immer Gesellschaftstanz auf dem Programm. Und spätere Geschäftspartner gaben oft Partys mit einer Mischung aus Gesellschaftstanz und Discomusik. Die Schwierigkeit mit letzteren wie bei den meisten solcher Anlässe, wo auch immer: Die Herren tanzten nicht allzu gern.

Als ich herausfand, dass mein amerikanischer künftiger Ehemann, der nie Tanzstunden gehabt hatte, nicht abgeneigt war, das Tanzbein zu schwingen, war ich begeistert. Das erste Mal, als wir bei ihm zu Hause tanzbare Musik hörten, bot er mir einfach seine Hand, zog mich wortlos an sich, und dann steppten wir los, als hätten wir seit Ewig-keiten geübt. Nichts Kompliziertes, einfach nur einvernehmlich.

Als wir endlich unser gemeinsames Heim in Washington State hatten, erkannte ich, dass mein Mann das Tanzen nicht lediglich als Taktik des Hofmachens genutzt hatte, sondern es wirklich genoss. Ich schlug also vor, uns für Tanz-stunden anzumelden. Ich dachte, es sei einfach. Dem war nicht so.

Die einzige Tanzschule für Gesellschaftstanz im gesamten nahen Tacoma war ziemlich abgelegen; während des Berufsverkehrs würden wir eine Stunde gebraucht haben, um pünktlich zum Kurs zu erscheinen. Ich fragte bei unserem örtlichen Bürgerzentrum nach: Seine Kurse waren abgesagt worden – nur drei Personen hatten sich angemeldet. Schließlich wendete sich unser Glück. Pierce College – fast um die Ecke von uns – bot Gesellschaftstanz an, und ich meldete uns an. Es sollte nur sechs Abende dauern, und ich war ganz angetan.

Der erste Kurs begann an einem frühen Oktoberabend mit nur zehn Tänzern, alle in den Fünfzigern, außer uns, die wir zehn Jahre jünger waren. Wo waren all die jungen Leute? Wo war das Militär, das seine großen Jahresbälle hat? Wo waren die Highschool-Schüler, die sich auf ihre Senior Proms vorbereiteten? So viele Filmromanzen enden mit einer

144

Ballszene –wo waren all die Menschen, die angeblich im wirklichen Leben auf Hochzeiten, zu Hochzeitstagen und an Valentinstagen tanzen?!

Die Tanzlehrer waren ... uralt. Aber sie waren auch überaus elegant, unglaublich gelenkig und unerbittlich in ihrem Lehrplan. Was ich in anderthalb Jahren an einer deutschen Tanzschule gelernt hatte, wurde hier in sechs Abende gequetscht. Die Lehrmethode war anders. Ich fühlte mich von Minute zu Minute ungeschickter und versuchte sehr, meinem Mann nicht auf die Zehen zu treten. Ich fühlte mich aus dem Tritt. Ich sollte nicht mehr als seine Schulter und seine Hand während der Standardtänze berühren, während in Europa die Körper der Tänzer einander so berühren, dass man ein Blatt Papier zwischen sie klemmen könnte. Außer man tanzt natürlich lateinamerikanisch. In nur anderthalb Stunden hagelte es Tanzschrittfolgen auf uns herab. Es war schwer, sich zu konzentrieren und alles so schnell richtig hinzukriegen. Andere in unserem Kurs empfanden es genauso. Tanzen machte nicht wirklich den Spaß, den es machen sollte.

Vielleicht nehmen hier deshalb so wenig junge Leute Tanzstunden. Vielleicht gewinnt deshalb Freistil-Tanzen an Popularität, während in Europa, vor allem in Deutschland, Tanzschulen florieren.

Mein Mann und ich tanzen immer noch ab und zu. Wir wählen unsere eigenen Schritte, mit Körperberührung, ohne Gesellschaftstanz-Schrittfolgen. Aber es macht Spaß – einvernehmlich.

145

Radioshows

Ich komme gut lange Zeit ohne Fernseher aus. Meine Eltern bekamen ihren ersten, als ich neun wurde. Damals hatte das deutsche Fernsehen nur drei Kanäle, zwei nationale öffentliche und einen regionalen öffentlichen. Bis dahin hatten wir Schallplatten gelauscht und ... dem Radio.

Wir hatten damals einige wunderbare Radioshows. Ich erinnere mich besonders an eine, in der Menschen im Studio anrufen und kostenlose Dinge oder Services anbieten, aber auch erbitten konnten. Meine Mutter antwortete einmal auf so einen Anruf, um einer Familie mit zwei behinderten Kindern zu helfen. Sie knüpften eine lebenslange Freundschaft. Heiligabend-Morgen drehten sich um eine zweistündige Weihnachtsgeschichte mit einem erfundenen Hund namens Knuddel, und Kinder durften Bilder zeichnen oder malen, um sie dann für einen Preis einzusenden. Es gab Unterhaltungssendungen mit Sketchen und Quizfragen, und auch da konnte man anrufen und Preise gewinnen. Es gab Sonntagmittags-Hörspiele in unserem Lokaldialekt – köstlich! Und ich liebte besonders das samstägliche Vorabendprogramm auf SDR1, das Ortschaften unserer Region mit ihren historischen Sehenswürdigkeiten, Orchestern, Bands und Chören präsentierte, gefolgt von der Aufnahme ihrer Kirchenglocken und einem zehnminütigen Gute-Nacht-Hörspiel für Kinder. Nicht dass wir beim Zuhören schon im Bett gewesen wären. Oft befanden wir uns auf dem Rückweg von einem Samstags-Ausflug und hörten im Auto zu.

Als der Fernseher übernahm und sich unsere Hör-
bzw. Sehgewohnheiten änderten, veränderten sich auch die
Radioprogramme. Mit den Jahren verschwanden all meine
Lieblingssendungen. Ich hörte auf, Radio zu hören, sah nur
selektiv fern und steckte meine Nase meist in Bücher.

Welch erfreuliche Überraschung, als ich hier in
Washington State ankam und jede Menge Radioshows vorfand,
die mich an meine Lieblingssendungen der 70er erinnerten!
Zum ersten Mal richtig bewusst wurden sie mir an einem
Weihnachtsfeiertag draußen beim Mowich Lake. Es schneite,
und die Straßenverhältnisse waren gelinde gesagt tückisch. Im
Grunde war es The Vinyl Café mit der Sendung einer „Dave
und Morley"-Weihnachtsgeschichte, die meinen Verstand
rettete. Ohne sie hätte ich den Kopf verloren bei der
Vorstellung, was passieren würde, wenn wir in der Wildnis
strandeten. Stattdessen lachte ich laut über die unglaublichen
Wendungen der Geschichte, und bewunderte ihre Dickens'sche
Qualität. Leider wurde diese wundervolle Radioshow mit ihren
großartigen Geschichten zum letzten Mal im Dezember 2017
ausgestrahlt. Ich vermisse sie sehr. Wenn Sie sie nie gehört
haben, hier ist noch einmal eine Gelegenheit:
www.cbc.ca/listen/shows/vinyl-cafe.

Ich weiß nicht, wieviele Male mein Mann und ich
heimgefahren sind unter dem Geschichtenerzählen von The
Moth Radio Hour, von den Erzählern erlebte Geschichten, die
zum Lachen, Schauern oder einfach zum Nachdenken bringen.
Oder während wir den erstaunlichen wissenschaftlichen

147

Präsentationen des Radio Lab zuhörten. Wir raten und lachen mit den Kandidaten der Nachrichten-Quizsendung „Wait Wait … Don't Tell Me" oder der gleichermaßen anspruchsvollen Sendung „Ask me another" mit Kabarettistin Orphira Eisenberg. Und bis vor kurzem schalteten wir regelmäßig Car Talk ein, wo ernsthafte Fahrzeugprobleme meist per Ferndiagnose gelöst und in eine unablässige Attacke auf die Lachmuskeln verwandelt wurden.

In der Nähe der kanadischen Grenze zu leben, hat auch den Vorteil, dass man US- *und* kanadische Radiostationen empfängt. Die musikalische Seite der Programme bietet dem Hörer ebenfalls stets interessante Perspektiven an. Sie sind im Bilde: Wenn mein Mann und ich im Auto unterwegs sind, läuft das Radio fast ständig. Und während er fährt, darf ich abschweifen in die unglaubliche Raffinesse von DNA oder das Geheimnis des Erfolgs, Antworten auf schwierige Quizfragen suchen oder mir die aberwitzigen Geschichten über ein Paar namens Dave and Morley bildlich ausmalen. Achja, damals! Und die Vollkommenheit, die zu herrschen schien, als man sich alles noch nur im Kopf ausmalte.

Sport

Ich bin nicht gerade ein Stubenhocker. Aber wenn ich das Wort „Sport" höre, schrumpfe ich und versuche, mich rückwärts davonzumachen. Vielleicht weil es nach Arbeit klingt oder … zumindest nicht wirklich nach Spaß. Trotzdem bin ich mir sicher, mich nicht auf den letzten Rängen Sport treibender Menschen zu befinden. Sport spricht mich einfach nicht an.

Als Kind war ich Mitglied in einem Sportverein mit verschiedenen Programmen. In der ersten Klasse gehörte ich zu einer Leichtathletikgruppe. In der dritten Klasse gehörte ich einer Kunstturngruppe an, fühlte mich aber unwohl, weil der Trainer männlich und ich sehr schüchtern war. In der vierten Klasse genoss ich unglaublich das Rhönradfahren – aus irgendeinem Grunde war ich da herausragend und erhielt Sondertraining. Als die Schulanforderungen wuchsen, gab ich Sportvereine auf. Und Schulsport hasste ich immer (zweimal pro Woche, manchmal mit Schwimmunterricht eine halbe Wegstunde von der Schule entfernt) – die Lehrer ermutigten nicht gerade diejenigen, die nicht überall unter den besten zehn waren.

Mitte dreißig begann ich das Power-Walking, als mir bewusst wurde, dass ich in Form bleiben musste, nachdem ich ein besonders pummeliges Bild von mir in meiner eigenen Fachzeitschrift gesehen hatte. Das war ein Wendepunkt. Jahrelang ging ich Tag für Tag eine Stunde lang durch Feld und Wald, um Seen herum und an kleinen Flüssen entlang, egal was mir die Umgebung anbot, direkt ab meiner Haustür. Ich fand es anregend. Mein Gewicht sank, meine Stimmung stieg, die Landschaft veränderte sich täglich. Bewegung wurde zur Sucht.

Als ich hierherzog, genau gesagt nach Steilacoom, freute ich mich, dass es reichlich Spazierwege in der hübschen kleinen Stadt am Sund gab. Gehwege machten es an den meisten Stellen sicher, und die fantastische Aussicht auf den Sund und die Olympic Mountains waren Ermutigung genug, meine täglichen Spaziergänge wieder aufzunehmen. Man braucht keinen Tritt ins Schienbein, wenn man eine malerische Strecke laufen kann, die an der eigenen Haustür beginnt und endet.

Ich habe erst richtig zu schätzen gelernt, was ich bis dahin hatte, nachdem wir in unser jetziges Zuhause umzogen. Sicher, unsere Straße hat einen Gehweg, aber an den nächsten großen Kreuzungen endet der. Bei schlechtem Wetter verwandeln sich die Seitenstreifen in Schlamm, und vorbeifahrende Autos bespritzen einen noch obendrein. Bei gutem Wetter funktioniert der Seitenstreifen für mich, aber ich bin wegen der Geschwindigkeit mancher passierenden Fahrer nervös. Kurz, Power-Walking von meiner Haustür aus war von Anfang an gestorben.

Dieser Tage muss ich mich richtig fest treten, spazieren zu gehen. Denn ich muss zuerst zu einem unserer Parks fahren, bevor ich meine Walking-Gewohnheit überhaupt aufnehmen kann. Meiner Spontanität hinsichtlich sportlicher Betätigung in der Natur wurde damit viel genommen. Mein

Mann hat uns in einem örtlichen Fitness-Studio angemeldet. Ich bin kein Mensch für drinnen, und die Foltergeräte und Trainer darin erinnern mich an meine ehrgeizigen Sportlehrer und Sporthallen von damals. Ich mache mit, aber es macht mir wenig Freude. Ich gehe zum Zweck dort hin, nicht zum Vergnügen.

Zum Glück kommt das Frühjahr nun mit gewaltigen Schritten, und ich freue mich auf lange Wanderungen voller Entdeckungen mit meinem Mann. Natürlich wird das nichts Tägliches sein. Aber es wird eine nette Abwechslung zur Routine von Situps auf einer Matte, dem Rennen auf einem Ellipsentrainer und dem Gewichte-Drücken. Ich sehe seit neustem mehr und mehr Schilder in Lakewood, die Straßenbau ankündigen. Ich hoffe auf mehr Gehwege nicht nur für die Schulkinder, sondern für alle Bürger (Und Danke, Stadt Lakewood, dass Sie so viel in der letzten Zeit getan haben!). Nicht nur, weil es so viel sicherer und höher entwickelt für eine Stadt ist als holperige Seitenstreifen. Aber ein Power Walk, der an meiner Haustür beginnt und endet, hätte schon einen Kick für mich.

Strände

Im ersten Urlaub, an den ich mich erinnere, war ich noch nicht einmal vier Jahre alt. Meine Familie unternahm eine lange Zugreise von Stuttgart an die Ostsee. Ich werde nie das sinnliche Erleben dieses ersten Urlaubs am Meer vergessen, und vielleicht hat er meine Liebe für alles Maritime entfacht. Sie können sich vorstellen, wieviel es mir bedeutet, hier in Western Washington so nah am Meer zu sein. Auch wenn die deutsche Küste so ganz anders ist als das, was wir hier haben.

Als ich zum ersten Mal in Ocean Shores den Strand besuchte, war ich aufgewühlt, dass man tatsächlich auf Autos aufpassen muss. Ich wusste, dass es auf der Welt Strände gibt, an denen Menschen fahren statt zu laufen. Die Niederlande haben das auch. Für mich ist das Konzept, außer eine alternative Verbindung von A nach B zu sein wie damals, als es noch keine Straßen gab, überhaupt nicht reizvoll. Ich liebe Strände, die nur für Fußgänger da sind. Die Ruhe und die reine Luft sind Balsam für Leib und Seele. Und ein bisschen Bewegung, um den Wassersaum vom Strandzugang zu erreichen, ist mir recht willkommen.

Ich habe zahllose Urlaube an der Nordsee in meinen Zwanzigern und frühen Dreißigern verbracht, weil das natürliche Aerosol, das man während eines langen Strandspaziergangs einatmet, meinen Heuschnupfen und mein Asthma für die Dauer von zwei Jahren heilte. Tatsächlich besser als jegliches Medikament. Lange Strandspaziergänge gehörten also zu diesen Urlauben. Und wenn ich nicht lief, mietete ich mir einen Strandkorb oder ein Strandzelt. Manche Leute bauten Sandwälle rund um ihre, verziert mit Steinen und Muscheln, so wie in „Mein Heim ist meine Sandburg". In späteren Jahren wurde mehr und mehr davon abgeraten, da es zur Stranderosion beiträgt. Und es kann den Zugang zu anderen Strandkörben ziemlich anstrengend machen. Ich brauche nicht eigens zu sagen, dass man das Strandkorb-Vergnügen hierzulande nicht kennt.

Stattdessen kampieren Leute hier an den Stränden von Washington mit Campingstühlen und -tischen, die sie mitbringen. Oft wird sogar ein Feuer angezündet, und Leute sitzen darum herum und grillen oder kochen Muscheln und Krebse ab. Am Ende eines Tages sieht das besonders romantisch aus: diese Feuerpunkte am Fuß der Dünen, Menschen, die sich darum scharen, Gelächter in der Luft. So etwas habe ich in Deutschland nirgends gesehen.

Stattdessen findet man in Deutschland Buden mit verglasten Biergärten direkt an der Promenade. Ein herzhafter Erbsen- oder Graupeneintopf, Waffeln, rote Grütze mit Vanillesauce, Grießbrei, Würstchen oder frittierter Fisch mit Pommes Frites sind die verbreitetsten Essensangebote. Weiter in Ortsnähe findet man Cafés und Restaurants an der Kurpromenade. Und häufig auch eine Konzertmuschel mit mindestens einem Kurkonzert pro Tag während der Touristensaison.

Tatsächlich habe ich in Western Washington einen Ort gefunden, an dem das Flair mit seinen Dünen, Promenaden und der Stadt (trotz der andersartigen Architektur) mit ihren Restaurants und Touristenattraktionen ziemlich nahe an die deutsche Nordseeküste herankommt – Long Beach, je weiter im Norden, desto näher daran. Es riecht sogar ähnlich! Und der Strand im Norden, im Leadbetter Point State Park, ist völlig autofrei, was es noch einmal ähnlicher macht.

O, so einen langen Strandspaziergang zu genießen und dann in eine Strandbar zu gehen, um Fisch und Pommes Frites oder einen Salat zu essen, die frische, salzige Luft einzusaugen und sich ein einfaches Fischgericht zu gönnen! In meinen späten 30ern in Deutschland, als ich noch Single war, träumte ich davon, eines Tages meinen Alterswohnsitz in der Nähe der Nordsee zu haben. Das Leben hat die Dinge sogar ein bisschen mehr zu meinen Gunsten gedreht. Ist es nicht einfach toll, dass mein Zuhause jetzt nur zehn Fahrtminuten vom Sund und vielleicht 90 von den Pazifikstränden entfernt ist?! Sprache und Kontinent mögen zwar etwas andere sein, und der Küstenverlauf ist deutlich dramatischer als der in Deutschland. Aber ich wüsste nicht, welche Strände mir besser gefielen – alle haben ihre einzigartige Schönheit.

Urlaub

Deutschland ist Weltmeister im Reisen, und das schon lange. Egal, wie weltweit legendär japanische Reisegruppen sind, die Schnappschüsse von allem machen, die Deutschen sind vorher da gewesen und haben dasselbe gemacht. Ob individuell oder in organisierten Gruppen, ob topmodische Luxusreisen an exotische Orte oder ökofreundliche Gesellschaftsreisen, für jeden Deutschen gibt es etwas Passendes. Pässe sind selbstverständlich, auch wenn man für sie bezahlen muss. Im Vergleich dazu habe ich unlängst gehört, dass nur zehn Prozent aller US-Bürger überhaupt einen Pass besitzen, und dass nur 20 Prozent aller Washingtoner eine Sommerurlaubsreise unternehmen.

In meinen fast 42 Deutschlandjahren bin auch ich viel gereist. Teile meines Geburtslandes zu erkunden, war mir genauso wichtig, wie andere europäische Länder kennen zu lernen. Ich habe sogar zweimal hinter den Eisernen Vorhang gespickt, in der ehemaligen Tschechoslowakei. Geschäftsreisen führten mich bis an die Westküste der USA und nach China. Einmal war ich sogar zu Gast bei einer Hochzeit im indischen Mumbai. Zwei zweiwöchige Urlaube im Jahr waren für mich als alleinstehende Erwachsene Standard geworden; und dann blieben mir noch zwei Wochen für jegliche Familienbesuche übrig. Diese Routine änderte sich, als mein Mann und ich einander kennen gelernt hatten. Ich flog dann damals alle zwei Monate nach England, wobei die echte Reisedauer etwas mehr als drei Stunden betrug und die Tickets spottbillig waren.

155

Hier scheinen die meisten Menschen, die reisen, Rentner zu sein. Leute, die noch arbeiten, scheinen ihre Zeit und ihr Geld dafür zu sparen, ihre weitverstreute Familie zu sehen. Die Entfernungen sind einfach nicht mit europäischen vergleichbar, sodass solche Reisen oft nicht einfach nur über ein Wochenende funktionieren. Man *muss* seine zwei Wochen Jahresurlaub auf Familienbesuche verwenden. Man *muss* sein Urlaubsbudget für Flugtickets für die ganze Familie einsetzen – ein ziemlich teures Vergnügen, wenn die ganze Verwandtschaft auf der anderen Seite des Kontinents sitzt. Kein Wunder, dass, was noch an Zeit und Budget bleibt, eher auf Urlaub daheim verwendet wird.

In Western Washington ist das vermutlich noch nicht einmal eine Herausforderung. Es ist ziemlich paradiesisch mit fantastischer Landschaft, erstaunlicher Tierwelt und reichlich kulturellem Angebot. Wer sagt denn, dass man keinen tollen Urlaub hätte, wenn man am ersten warmen Tag des Jahres an einem felsigen Strand ein Picknick hält? Oder wenn man Tourist spielt und die Läden einer hübschen Hafenstadt erkundet? Oder auf geheimnisvoll lockenden Pfaden wandert oder interessante Museen besucht?

Vielleicht ist Camping nicht gerade meine allererste Wahl für Übernachtungsreisen. Ich bin an Betten, schöne private Duschen und den Komfort meiner Küche gewöhnt und ziehe sie dem improvisierten Kochen und Geschirrspülen über einem Camping-Feuer vor. Ich liebe die Natur, aber mag auch die Errungenschaften, die die Menschheit für ihre Grundbedürfnisse hervorgebracht hat.

Mein erster Wochenendurlaub in einem hübschen, kleinen Bed & Breakfast im Norden der Olympischen Halbinsel war allerdings ein Augenöffner, warum solche Unternehmungen für den Durchschnittsamerikaner jenseits des Machbaren sind. Die nette, kleine Suite mit einem ausgefallenen, aber mageren Frühstück an der Table d'Hôte kostete uns dasselbe wie ein Zimmer in einem deutschen Vier-Sterne-Hotel, riesiges, ausgefallenes Frühstücksbuffet inklusive, oder wie eine ganze All-Inclusive-Wochenendreise, organisiert von einem deutschen Reisebüro. Das macht mich nachdenklich über das Preis-Leistungsverhältnis in beiden Ländern – und wieviele Menschen sich hier solchen Luxus erlauben können.

Was ein weiterer Grund dafür sein könnte, warum es die nettere, gemütlichere Sommerurlaubsvariante sein kann, zu seinen eigenen Bedingungen daheim zu bleiben. Man isst Steak mit ein paar Freunden beim abendlichen Grillen, fängt frische Krebse am Hafendock mit dem Nachbarn die Straße runter oder trinkt ein Glas Rotwein mit einem freundlichen, bodenständigen Fremden am Camping-Feuer. Ich kann mir Schlimmeres vorstellen.

Spielbanken

Deutschland ist für seine eleganten Casinos in Baden-Baden, Wiesbaden und einigen anderen Städten bekannt. Sie gehörten einmal zur Grand Tour, die reiche Amerikaner im 19. und frühen 20. Jahrhundert ihren Kindern ermöglichten, um ihnen ein besseres Verständnis der Alten Welt zu vermitteln. Für Europäer, die das Nonplusultra des Spielens kennenlernen möchten, ist las Vegas *das* Reiseziel. Ich habe auch während meiner Erkundungen in Western Washington eine Menge Casinos vorgefunden … Und ich vermute, hinter der Dichte dieser Spielbanken hier liegt eine Geschichte versuchter Wiedergutmachung.

Ich erinnere mich an mein erstes Casino-Erlebnis mit einer deutschen Freundin seinerzeit in meiner Geburtsstadt Stuttgart. Das Casino war gerade einmal zehn Jahre alt und bot Black Jack, Poker, Baccara und Roulette-Tische. In Deutschland nennen wir das das „Große Spiel" – das „Kleine Spiel", also Automaten, findet man in jeder Spielhölle, oft genug in weniger renommierten Stadtteilen, nicht notwendigerweise als Teil eines klassischen Casinos. Niemand kehrt sich daran, wie man aussieht, wenn man eine Spielhalle betritt. Aber wenn Ihre Garderobe nicht dem Dresscode entspricht, werden Sie vor jedem „Großen Spiel" abgewiesen. Jacketts und Krawatten für den Herrn, elegante Kleidung für die Dame. Krawatten können für gewöhnlich am Eingang entliehen werden. Ein Nachmittag oder Abend im „Großen Spiel" eines Casinos in Deutschland (Spielbanken sind nur zu begrenzten

Zeiten am Tag geöffnet) dient dazu, sich zu zeigen, während man an einem Tisch spielt.

Übrigens benötigt man einen Pass oder Personalausweis, wenn man eine deutsche Spielbank betritt. Es geht dabei nicht allein ums Alter. Am Eingang wird geprüft, ob man auf einer Fahndungsliste steht oder man von einer anderen Spielbank gesperrt wurde.

In einem Casino in Washington hat man Großes und Kleines Spiel Seite an Seite. Limos und Kaffee gibt es kostenlos (in Deutschland musste man dafür bezahlen), und abgesehen von einem Türsteher, der per Augenschein Ihr Alter oder Ihre Harmlosigkeit prüft, gibt es keine Hürden. Somit sieht man Menschen in schicker Garderobe an einem Automaten direkt neben solchen, die sich offensichtlich gar nicht um stilvolle Kleidung scheren, solange sie sich angezogen und warm fühlen. Es gibt kein Sich-Zeigen, keine Absicht, dies zu einem besonderen Anlass in seinem Dasein zu machen. Man geht einfach hinein und bleibt, solange das Geld dazu reicht.

Ich habe große Stapel Chips auf deutschen Roulette- und Black-Jack-Tischen liegen sehen. In manchen Fällen fühlte ich mich, als sähe ich eine Szene aus einem Mafiafilm. Die Gesichter waren undurchschaubar, die Kleidung makellos, Geld wurde am Tisch gewechselt – etwas, das für gewöhnlich nur bei einer höheren Anzahl Scheinen geschieht. Hier scheint das eine gängigere Angelegenheit zu sein, und die Gewinnerfreude ist an den Tischen deutlich hörbar. Undenkbar in der Alten Welt, wo man versucht sein Pokerface zu wahren.

Was noch habe ich hier über Casinos gelernt? Dass asiatische Spielbanken nur Spieltische haben und dass deren Mindesteinsatz ziemlich hoch sein kann. Dass Spielbanken, die von Indianern geleitet werden, nur in Reservaten zu finden sind, dass sie aber auch Automatenspiele anbieten. Dass Casinos in Reservaten meist auch Hotels, Restaurants und Konzertsäle besitzen. Und dass man auf den Anzeigetafeln solcher Casinos berühmte Namen liest. Dass Ein-Cent-Spiele nie nur Ein-Cent-Spiele sind, sondern man nach dem kleinsten Einsatz suchen muss, um sich ein Bild zu machen, wie lange ein Zwanzig-Dollar-Schein das Spielen wohl zulässt. Dass es Menschen gibt, die die Bildschirme streicheln, um bessere Gewinnchancen zu erhalten. Dass manche Leute drei Maschinen gleichzeitig bedienen (diese Art Spielleidenschaft finde ich etwas besorgniserregend). Dass Nichtraucherbereiche nicht notwendigerweise räumlich von den für gewöhnlich größeren Raucherbereichen abgetrennt sind. Und dass es meist Spaß macht, sich mit den Kassierern zu unterhalten, besonders wenn sie allein in ihren Käfigen sitzen und keine Kundschaft haben.

Spiele ich? Gelegentlich (und selten genug) fühle ich mich von besonders schön designten Automaten gekitzelt, und ich verliere vielleicht zehn oder zwanzig Dollar. Normalerweise komme ich mit dem heraus, womit ich hineingegangen bin. Keine Spielbank wird sich je an mir bereichern. Ich sehe mir lieber die Menschen an, betrachte das Design oder das Thema eines Komplexes, denke über die Angestellten und ihre Geschichten nach …

Und doch fühle ich ein bisschen Genugtuung, wenn ich sehe, dass ein Reservat mit Stolz ein neues Bürgerzentrum oder einen Supermarkt errichtet, ein Gästehaus oder andere Verbesserungen, die gut aussehen und ihm vielleicht noch mehr einbringen. Diese Gegenleistung ist gering genug. Wenn ich also ein Spiel verliere, denke ich, dass es am Ende jemand anders doch noch zugutekommt. Vielleicht ist das naiv. So sei's.

Musik

Ich komme aus einer musikliebenden Familie und habe in eine solche hineingeheiratet. Für beide Zweige bedeutet das eine Geschichte von Konzertbesuchen, wann immer es ging. Und doch könnten unsere jeweiligen Erfahrungen nicht unterschiedlicher sein.

Ich wuchs fast nur zu Smooth Jazz und klassischer Musik auf. Meine erste Oper sah ich im deutschen Stuttgart, als ich acht Jahre alt war. Wir waren alle fein gekleidet, und nachdem die Türen geschlossen waren, saß jeder nur da und lauschte in Ehrfurcht. Es war eine einfach zu hörende Oper, Engelbert Humperdincks „Hänsel und Gretel", und das Bühnenbild war wundervoll traditionell. Nach diesem Ereignis begann ich, mein Taschengeld für klassische Schallplatten zu sparen.

Rückblickend waren all meine Freunde ebenfalls im traditionellen Bereich im Bühnenfieber. Ich war vermutlich die einzige, die mangels Ambitionen keinen regelmäßigen privaten Musikunterricht hatte, bis ich 15 war. Einige meiner Freunde waren begeisterte Klavierspieler oder gar Ballerinen. In der Mitte meiner Teen-Jahre sagte mir mein Musiklehrer, ich solle meine Stimme professionell schulen lassen, und brachte mich mit einer Konzertsängerin zusammen. Meine Perspektive änderte sich ungemein von der eines andächtigen Mädchens im Zuhörerraum zu der einer Solistin auf der Bühne oder der Orgelempore. Ich lernte, wieviele Proben man auf ein weniger als fünf Minuten kurzes Stück verwendet, bis alle

162

Orchesterinstrumente aufeinander und auf den Sänger abgestimmt sind. Bis die Akustik ausgemacht und Tempi und Lautstärke an den Aufführungsort angepasst sind. Ich gab als heranwachsender Teenager mein Sozialleben auf, um auf der Bühne zu stehen, vielleicht eines Tages als professionelle Sängerin, vier bis fünf Stunden täglich daheim zu musizieren, die Musikstunden in der Schule oder bei privaten Gesangs- und Klavierlehrern nicht eingerechnet.

Nun, wie wir alle heute wissen, bin ich keine professionelle Opernsängerin geworden, aber ich konnte mein Wissen in meinem ersten Jahr als Journalistin nutzen. Ich schrieb für das Feuilleton einer Lokalzeitung. Dank meiner tanzenden Freunde wusste ich genug über Ballett, um zur Musik jeglicher Ära getanzte Pirouetten und Hebefiguren, Jetés und Pliers schätzen zu können. Jedes Wochenende konnte ich mich auf Gespräche mit Opernstars, Primaballerinen, Jazzmusikern und Schauspielern nach der Show freuen. Es war mir egal, ob es große Stars oder passionierte erst im Kommen begriffene Künstler waren. Sie gaben alles. Das war, was zählte. Deshalb spüre ich immer noch Bühnenfieber, wenn ich merke, dass jemand mit dem ganzen Herzen bei seiner Aufführung dabei ist.

Ich bin meinem damals künftigen Mann über dem Gitarrenspiel und Gesang eines irischen Liedermachers in meiner Geburtsstadt begegnet. Wir genossen beide die Melodien sehr, und unsere erste Begegnung entspann sich tatsächlich aus einer Bemerkung über das großartige Können des Künstlers. Der Rest der Unterhaltung drehte sich um Musik, Bücher, Filme und unsere Lebensphilosophie – aber es begann auf jeden Fall mit der Musik.

Mein erstes Rockkonzert besuchte ich in dem Sommer, in dem ich in Washington State ankam. Rockmusik hatte nie zuvor irgendwo auf meiner Konzertliste gestanden. Ich war zunächst etwas angespannt. Es war ein bisschen wie ein erster Opernbesuch. Ich hatte keine Ahnung, welches Publikum um mich sein würde. Mein Mann hatte mich in die Musik mit Schallplatten und Gitarrenspiel eingeführt, mir Texte erklärt und mit mir Bandinterviews angesehen. Und dann saßen wir tatsächlich an einem milden Sommerabend draußen im White River Amphitheater in Enumclaw. Wir tauchten in eine fröhliche Menge, eine Generation neben der nächsten, mitsingende und Luftinstrumente spielende Menschen. Die Bühnenshow war bunt und unterhaltsam. Ich ertappte mich zu meiner eigenen Überraschung beim Mitsummen von ein oder zwei Songs.

Seitdem sind wir querbeet auf Jazzkonzerten und bei Musicals gewesen. Wir haben Rockstars gesehen und gehört, die ich in meiner Jugend nur aus dem Radio kannte. Und ich habe hier Amateurbühnen-Produktionen bewundert, die denselben Ehrgeiz zeigten wie die großen Namen – ihr Publikum zufriedenzustellen. Und das taten sie.

Wir lauschen immer wieder klassischer Musik im Radio. Ich singe immer noch viel, Opern- oder Oratoriums-Arien und Lieder, manchmal noch in der Kirche oder zu einem

164

gesellschaftlichen Anlass, aber meistens nur für mich, wenn ich daheim Geschirr spüle. Doch die besten Momente sind immer noch, wenn man Mann zur Gitarre greift und abrockt. Das erinnert mich immer an unsere erste Begegnung und wie Musik – egal welcher Art – Welten zusammenführen kann.

Bauernmärkte

Ich erwarte und freue mich schon seit Monaten auf sie – die Bauernmärkte in der Region South Sound mit ihren eigenen Besonderheiten. Ich kenne keinesfalls alle. Ich liebe den in Olympia wegen seiner Vielseitigkeit. Aber nach Olympia kommt man nur durch den nervigen I-5-Korridor, und wir haben ein bisschen nördlicher auch ziemlich interessante Bauernmärkte. Ähnlich und doch ziemlich anders als die deutschen Bauernmärkte, mit denen ich groß geworden bin und die ich die längste Zeit meines Lebens genossen habe.

Tatsächlich nennen wir sie in Deutschland in der Stuttgarter Region nicht einmal „Bauernmarkt". Da sie fast ausschließlich von Bauern beliefert werden, wäre das wohl redundant, vermute ich. Es heißt „Wochenmarkt" – und in recht vielen Fällen finden sie sogar zweimal wöchentlich statt. Wenn Sie die Gelegenheit haben, einmal die Stuttgarter Markthalle zu besuchen, ja, eine Markthalle, sehen Sie ein großartiges Beispiel früher deutscher Jugendstil-Architektur gefüllt mit Spezialitätenständen für einheimische und ausländische Lebensmittel, umgeben von einer Galerie mit exklusiven Designerläden und einem renommieren Farm-to-Table-Restaurant. Diese Markthalle ist fast täglich geöffnet.

Es muss aber nicht so nobel sein. Der zweiwöchentliche Markt in meinem kleinen Vorort präsentierte einen Fischhändler in einem Imbisswagen-ähnlichen Fahrzeug. In ähnlichen Fahrzeugen fand man Metzger und Bäcker. Ein griechischer Stand zog mich magnetisch an mit mindestens

166

einem Dutzend unterschiedlich marinierter und gefüllter oder entsteinter Oliven, gefüllten Weinblättern und Peperoni, Tintenfisch- und Shrimp-Salaten sowie marinierten Bohnen aller Art. Blumen- und einheimische Obst- und Gemüsestände mit gestreiften oder einfarbigen Schirmen komplettierten das farbenfrohe Bild rund ums Rathaus unter dem Turm einer neugotischen Kirche.

In meinem ersten Jahr hier fand ich nicht einen Bauernmarkt hier. Ich versuchte es auch nicht so sehr, weil ohnehin alles neu für mich war und ich alles querbeet erkundete. Aber ein paar Monate später konnte ich mich mehr auf so etwas konzentrieren und, siehe da!, der Bauernmarkt in Steilacoom mit seinen Abendkonzerten wurde ein Lieblingsanlaufpunkt. Rein weiße Zelte verleihen diesem Sommer-Ereignis ein ziemlich festliches Aussehen. Der Bauernmarkt in Lakewood, etwas jünger, aber jährlich um ein paar Wochen länger als der in Steilacoom, bietet vor Ort neben dem Rathaus Konzerte. Sogar anscheinend von so weit her wie Yakima bringen Bauern buntes Obst und Gemüse, das noch nicht westlich der Cascades hätte geerntet werden können.

Mein Lieblings-Bauernmarkt ist aber der oben in Proctor. Vielleicht, weil er mich am meisten an einen europäischen Wochenmarkt erinnert inmitten des lebhaften Geschäftszentrums mit seinen liebenswerten Tante-Emma-Läden und Restaurants. Er ist farbenfroh. Kein Stand gleicht dem anderen. Die Angebotsvielfalt ist recht ungewöhnlich. Im frühen Frühjahr findet man Straußfarn-Triebe und Körbe ungewöhnlicher Pilze, Enten und Hasen (alle Teile), Hausmacherbrot, Fisch, Schnittblumen, Eingelegtes, Pflanzen, für Cocktails wie fürs Kochen geeignete Flüssigmischungen … Er ist nicht groß, aber er scheint ungewöhnlichere, seltenere Produkte zu umfassen und in den Blickpunkt zu nehmen. Er spricht irgendwie mehr als andere Märkte meine Sinne an. Bislang habe ich es nie geschafft, eine Seite hinauf- und die andere hinunterzugehen (ja, es ist nur eine Strassenzeile!), ohne eine Tasche voller Beute für meine Küche mitzunehmen. Und ich habe Hasengerichte kreiert, Kohl in Entenfett gebraten, Farntriebe gebrutzelt und ein Paprikaschotenelixier sowohl in Gin mit Sprudel als auch in einen Gemüseeintopf gemischt. Ab und zu bitte ich meinen Mann, mit mir dort eine Stunde an einem Samstagmorgen zur Erkundung und zum Genuss zu verbringen.

Es ist so schön überall hier im Land Bauernmärkte entstehen zu sehen. Es fühlt sich gut an, an einer Farm vorbeizufahren und zu wissen, dass man unlängst etwas von dort auf dem Teller hatte. Es verbindet mit dem Land und den Menschen, die es bearbeiten. Es macht bewusster für das, was man isst. Es unterstützt eine Branche, die mit der Natur arbeitet und oft genug mit ihr zu kämpfen hat. Vielleicht hat der Besuch eines Bauernmarkts deshalb so ein besonderes Flair für mich. Es ist das Ende des Produktionsvorgangs für den Bauern und der Beginn kulinarischer Erkundung für mich. Vielleicht lächeln wir einander deshalb an, weil der Kauf uns beide belohnt.

Ausgehen

Haben Sie sich einmal gefragt, warum Amerikaner im Ausland ziemlich schnell als solche erkannt werden, sobald sie ein Restaurant betreten? Vor allem in Deutschland? Selbst wenn sie keinen militärischen Haarschnitt haben und nicht überlaut sprechen? Hier sind ein paar unterhaltsame Tatsachen, die ich mit den Jahren entdeckt habe.

Wenn ich mit meinem Mann ausgehe, öffnet er für gewöhnlich die Restauranttür für mich und lässt mir den Vortritt. Ich musste dafür während unserer Verlobungszeit umdenken. Denn deutsche Männer (und wenn der Gastgeber eine Frau ist, diese Frau) gehen grundsätzlich voraus – um die Lage abzuschätzen. Vielleicht ist es zu voll, vielleicht benimmt sich jemand daneben, vielleicht was auch immer ... Man geht damit sicher, dass die Dame/der Gast in keine unangenehme Situation kommt.

In einem deutschen Restaurant wählt man meist selbst einen Tisch und setzt sich; in feinen Restaurants wird jemand auf einen zukommen und fragen, ob man einen Tisch reserviert habe oder man einen zuweisen dürfe. Normalerweise findet man niemanden in einem Warte-Areal oder einer Bar-Lounge wie hier, und niemand ruft laut Ihren Namen auf, wenn Ihr Tisch frei wird. Ihren Vornamen auch noch! Deutsche werden im Alltag beim Nachnamen angesprochen, außer man ist befreundet und hat angeboten, sich beim Vornamen anzureden. Unvorstellbar, dass Service-Personal Sie beim Vornamen anspricht. Sie erfahren deren Vornamen übrigens auch nicht.

Sobald ich hier in einem Restaurant sitze, werde ich meist gefragt, was ich trinken möchte. Das irritiert mich. Ich habe mich doch eben erst gesetzt. Ich habe keine Ahnung, welche Getränke angeboten werden, und mir wird für gewöhnlich sowieso ein Glas Eiswasser vorgesetzt, um das ich nie gebeten habe (und das ich nie trinken werde). Lassen Sie mir also eine Minute Zeit! Erwarten Sie diesen kostenlosen Service übrigens nicht in Deutschland. Sie erhalten eine Getränkekarte, und man wird Ihnen Zeit lassen, sie zu überdenken, bis Sie ein Zeichen geben. O ja, das darf man! Manchmal muss man es sogar. Ein leicht erhobener Arm und ein Nicken werden Kellner oder Kellnerin an den Tisch holen. Hier schweben die Kellner manchmal so um mich, dass ich das Gefühl habe, ich könne keine private Unterhaltung führen, ohne von der Frage unterbrochen zu werden, ob alles in Ordnung sei.

Eine weitere Tatsache? Wir wissen vermutlich inzwischen alle, dass Deutsche beim Essen mit Messer und Gabel nie die Hand wechseln Und dass Amerikaner ihre Nationalität in dem Moment verraten, in dem sie das Messer niederlegen, nachdem sie ihren Bissen abgeschnitten haben, und die Gabel in diese Hand wechseln. Vielleicht ist es nur ein halber Witz, dass es dafür einen Grund gebe – um eine Hand an der Pistole unter dem Tisch zu haben.

Getränke per Fingerzeig nachbestellen? Man muss aufpassen, welche Finger in der Nation funktionieren, in der man sich gerade aufhält. Daumen und Zeigefinger zu zeigen, bedeutet in Deutschland „zwei", die ersten drei Finger bedeuten

„drei", Daumen innen und vier Finger hoch ... nun, Sie verstehen schon. Angeblich sind im Zweiten Weltkrieg mehr als nur ein amerikanischer Spion wegen kleiner Unterschiede wie diesem aufgeflogen.

Sie sind am Ende Ihrer Mahlzeit angekommen? Hier in den USA wird man oft schon gefragt, während man noch kaut, ob man noch etwas möchte. Wenn man „Nein" sagt, schiebt der Kellner Ihnen (oder demjenigen, von dem er vermutet, dass er bezahlen wird) die Rechnung zu. Es ist das Signal, dass Ihre Tafel aufgehoben ist und der Tisch auf den Nächsten wartet. Undenkbar in Deutschland. Dort sitzt man vielleicht gar und muss warten, bis sich jemand vergewissert, dass man fertig ist. Und man wird Ihnen die Rechnung nicht eher bringen, als bis Sie entschieden haben, dass Sie fertig sind und bezahlen möchten. Theoretisch kann man über einem weiteren Glas seines Getränks den ganzen Rest des Abends verbringen, und niemand wird das kritisieren.

Doggy-Bags sind nur in wenigen deutschen Restaurants eine Option. Die Portionen sind meist zu bewältigen. Hier sind in den meisten Restaurants Doggy-Bags eine ärgerliche Notwendigkeit, will man nicht das Essen verschwenden. Grundsätzlich mag ich nicht fein gekleidet ein schönes Restaurant mit einer Plastiktüte voll Essen verlassen. Ich wärme nicht gern Reste eines Restaurantessens auf – sie schmecken nie so gut wie beim ersten Serviert-Werden. Und wenn ich ausgehe, möchte ich etwas einmalig Besonderes erleben – nicht am nächsten Tag das Hochwürgen einer

Erinnerung, weil ich aus einer halbleeren Styroporschachtel esse. Deshalb teile ich meistens ein Gericht mit meinem Mann. Was die Auswahlmöglichkeiten für uns beide verringert, weil die Portionen übergroß sind.

Natürlich gibt es immer auch Ausnahmen zu den Regeln. Aber sie sind schwer zu finden. Und als Amerikaner in Deutschland werden Ihnen einige seltsame Dinge auffallen, wenn Sie draußen essen, genauso wie es mir hier auf meinen ersten Reisen erging. Ich habe mich an die Restaurantkultur beiderseits des Atlantiks gewöhnt. Aber Sie raten richtig, wenn Sie annehmen, dass ich sie in Übersee als erfreulicher empfinde – selbst wenn Sie hier beim Sich-Setzen ein Glas kostenloses Leitungswasser bekommen.

Lesen

Haben Sie je darüber nachgedacht, wie sehr das Lesen Ihre Denkweise formt, aber dass es auch dadurch definiert ist, welcher Nation Sie angehören? Offensichtlich sind die ersten Bücher der meisten Menschen in ihrer Muttersprache geschrieben. Meine waren das nicht. Und mein Lieblingsbuch war ein amerikanisches, „One Morning in Maine".

Ich wurde zur Liebhaberin englischsprachiger Literatur, sobald ich in der 5. Klasse Englisch lernte. Ich begann, Shakespeare Goethe vorzuziehen, liebte Austen so sehr wie Fontane, und zog moderne englische und irische Literatur bei weitem der zeitgenössischen deutschen vor. Unsere Stadtbücherei – ich hatte als 14-Jaehrige ein Jahr lang einen Job dort für zwei Mark die Stunde – hatte nur wenige englischsprachige Bücher. Als Amazon sein Geschäft in Deutschland aufnahm, wurden mir Pakete mit englischer, irischer und amerikanischer Literatur in einer verrückten monatlichen bis zweiwöchigen Häufigkeit geliefert – und ich verschlang jedes einzelne Buch, manche sogar zweimal.

Dann wanderte ich aus. Ich hatte eine Bibliothek von rund 2.000 Büchern. Ich würde sie nicht alle auf mein neues Zuhause abladen können, und auch die Größe meines Umzugscontainers war begrenzt. Es tat weh. Beim ersten Meter Kochbücher, die ich weggab, heulte ich tatsächlich. Es fiel mir leichter, eine Autoladung von 500 englischen Büchern einer nahen US-Kasernen-Bücherei zu übergeben, sodass andere Menschen ihre Freude daran haben würden.

173

Als ich hierherkam, fand ich zu meiner Überraschung heraus, dass man mit seiner Miete automatisch das Recht auf einen Büchereiausweis erhält. (In Deutschland muss man dafür extra bezahlen.) Ich werde den Tag nie vergessen, an dem ich auch noch so ziemlich das letzte der Bücher meines Mannes gelesen hatte und mich in die Bücherei von Steilacoom wagte. Ihre Größe sprach mich an, auch ihre friedliche Atmosphäre und das prachtvoll geätzte Fenster auf seiner Rückseite.

Aber wo anfangen? Was lesen? Ich hatte natürlich ein paar Empfehlungen aus Zeitungen oder Zeitschriften. Was lasen Amerikaner, sodass ich nicht ganz ratlos wäre, wenn sie etwas mit mir diskutieren wollten? Ich rede nicht von Thoreau, Hawthorne, Dickinson, Melville, Dreiser und all diesen Klassikern. Diesen ganzen Kanon habe ich durchgearbeitet und während meines Studiums der Allgemeinen und Vergleichenden Literaturwissenschaft an der Universität Stuttgart unglaublich genossen ... Ich wollte aktuelle Literatur. Wer galt als wichtig? Wer als modisch?

An jenem Tag setzte ich für mich eine Regel auf, an die ich mich jetzt schon seit über sieben Jahren halte. Ich versuche jedes einzelne Buch im Autoren-Alphabet A bis Z für Belletristik zu lesen. Ich werde Fantasy auslassen, da ich meinen Teil an klassischen Sagen der Alten Welt gehabt habe. Versehentlich landete ich einmal bei einem Buch, das weniger als ein Viertel seiner Seitenzahl an Handlung besaß, der Rest war „Fifty Shades of Grey" vergleichbar. Nein, das ist auch nicht meine Art von Roman.

174

Mit den Jahren haben die erstaunlichsten Bücher ihren Weg zu mir nach Hause gefunden – Genres und Themen, die ich nie gewählt hätte, hätte ich mir nicht die Buch-um-Buch-Regel auferlegt. Ich habe fantastische Science Fictions von Autoren entdeckt, von denen ich noch nie irgendwo gehört hatte. Ich habe köstliche Romanzen und semi-autobiographische Romane mit Tiefgang gelesen. Ich habe dabei Geschichte und Geographie gelernt, über verschiedene Ethnien und ihr Leben in den USA oder ihren Ursprungsländern. Ich habe Bücher gelesen, die Freunde von mir veröffentlicht haben. Immer wieder schmuggle ich Sachbücher dazwischen. Und manchmal diskutiert eine der freundlichen Bibliothekarinnen in Steilacoom das eine oder andere Buch mit mir, flüsternd, sodass wir nicht die Leute stören, die am Computer arbeiten.

Inzwischen habe ich den Buchstaben „F" erreicht, und erst vor einer Woche habe ich eine weitere Lücke im Büchereiregal verursacht, indem ich weitere fünf Bücher mitgenommen habe. Wenn ich mit der Geschwindigkeit weiterlese, bin ich in 20 Jahren durch. Bis dahin enthalten die Regale davor vermutlich schon ein ganzes Vierteljahrhundert neuer Bücher und neuer Autoren. Vielleicht kann ich dann nochmals beim Buchstaben A beginnen. Vielleicht finde ich dann neue „Regeln" für mich. Auf jeden Fall ist es Lesespaß voll guter Überraschungen und Erfahrungen. Und wenn Ihnen eine größere Lücke in einem Regal da draußen begegnet … vielleicht war ich's, die sich neuen Denkstoff geholt hat.

Ehrenämter

Ehrenämter waren für mich immer schon mehr lohnenswert als lästig. Obwohl sie in Deutschland für mich weniger bedeutend waren und ich kaum noch eines ausüben konnte, nachdem ich Vollzeit-Journalistin geworden war. Aber selbst in Schullandheimen fand ich es unterhaltsamer, für 60 Jugendliche und ihre Lehrer Geschirr abzutrocknen oder Zwiebeln zu schneiden, als das x-te Tischtennisspiel ohne persönliche Kontakte abzuziehen. Während man Bande schmiedet, wenn man über zehn Pfund scharfen Zwiebeln mit ein paar anderen Freiwilligen heult, glauben Sie mir. In meinen frühen 20ern war ich einige Jahre lang auch Kirchengemeinderätin – ich denke, der Begriff „Ältestenrat" wäre hier unangebracht …

Als ich hierherkam, bedeutete Ehrenamt für mich Integration. Es bedeutete, Teil eines größeren Konzepts zu werden, etwas vorzuleisten, aber auch Freundschaft und Nachbarschaftlichkeit zurückzubekommen. Immerhin hatten niemand außer meinem Mann und ein paar seiner Freunde gewusst, dass ich herüberkommen würde. Also rollte mir niemand einen roten Teppich aus, bot mir gleich nach der Ankunft Arbeit an oder irgendetwas Vergleichbares. Ich erwartete das auch gar nicht.

Aber eines Tages fand ich an unserer Haustür ein Werbeblatt, das um Neumitglieder für ein örtliches historisches Museum warb und auch nach freiwilligen Kräften suchte. Ich war mir nicht sicher, ob ich den Anforderungen entsprechen würde. Immerhin war es ein historisches Museum, und ich hatte meine Kenntnisse der Lokalgeschichte erst kurz zuvor aus ein paar Büchern und Websites gewonnen. Aber siehe da, ich wurde eingeladen, Museumsführerin zu werden und wurde geschult. Ich wurde auch eingeladen, dem Bildungsausschuss beizutreten. Später wurde ich gebeten, Büromanager zu sein (ich füllte den Posten eine Zeitlang). Und sechs Jahre lang war ich auch im Aufsichtsrat des Museums tätig.

Zudem war ich auf einem Militärstützpunkt zwei Jahre lang ehrenamtlich Verbindungsperson zwischen Militärfamilien und der Kommandantur eines örtlichen Geschwaders. Ich werde den Tag nie vergessen, an dem mir die Kommandantin die Position anbot, und es war ihr völlig unwichtig, dass ich damals immer noch deutsche Staatsangehörige mit nur einer Greencard war. Mir war es eine ungeheure Ehre, und ich habe damals einige Freundschaften geschlossen, die bis heute halten, militärische wie zivile.

2018 hatte ich noch ein anderes Ehrenamt. Ich wurde von den Organisatoren des 6th Annual Lakewood Film, Arts, and Book Festival gebeten, dabei zu helfen, das erste Autoren- und Buchsegment dieses September-Events aus der Taufe zu heben und zu koordinieren. Es war toll, als einer der ausstellenden Autoren gefragt zu werden und die Möglichkeit zu haben einzubringen, wovon ich mir dachte, dass es die anderen Autoren auch gebrauchen könnten. Es bedeutete viel Arbeit – aber der größte Lohn war, als sich die Türen öffneten und alles völlig glatt lief.

Wenn ich auf meine freiwilligen Dienste in Deutschland und hier zurückblicke, gibt es schon Unterschiede. Meine Aufgaben drüben als Schulkind waren geringfügig. Und später, mit 14-Stunden-Tagen, Arbeitswochenenden und vielen Reisen hatte ich einfach weder die Zeit noch die Energie für Ehrenämter übrig. Hier hatte ich viel mehr Zeit zur Verfügung. Es wird natürlich wieder weniger, weil ich wieder regelmäßig schreibe. Aber als Teilzeit-Ruheständler denke ich, dass Ehrenämter eine wunderbare Gelegenheit für jeden Teenager oder Erwachsenen sind, der sich für ein paar Stunden pro Woche ausklinken kann, um zu einem größeren Ziel beizutragen, das einer Gemeinschaft zugutekommt. Wenn ich mich so umsehe, gibt es in meinem Freundeskreis kaum jemanden, der nicht ehrenamtlich tätig wäre. In Übersee wäre das ganz anders gewesen.

Achja, und dann gibt es noch die Auszeichnungen, die Ehrenamtlichen hier verliehen werden. Ich bin mir nicht sicher, ob sie in Deutschland auch so freigiebig (und tief empfunden) verliehen werden wie hier. In meinem ersten Jahr erhielt ich eine Auszeichnung als Teil einer Gruppe, die große Wirkung auf ein Museumsprogramm gehabt hatte. Später, immer noch als deutsche Staatsbürgerin, erhielt ich US-Militär-Auszeichnungen auf Geschwader-Ebene wie auf der einer gesamten Luftwaffenbasis.

Ich gestehe, dass mich all diese Auszeichnungen mit Stolz und Dankbarkeit erfüllen. Aber was sich sogar noch besser anfühlt, ist, dass Ehrenämter mich Teil von Programmen

178

und Konzepten haben werden lassen, die anderen geholfen und Dinge in Gemeinden verändert haben. Um es auf den Punkt zu bringen: Ehrenämter kommen einem selbst genauso zugute wie anderen. Und das ist mir nirgends deutlicher geworden als in meinem neuen Zuhause.

Wandern

Während meiner Kindheit in Deutschland ging meine Familie regelmäßig wandern im Schwarzwald oder auf der Schwäbischen Alb, Mittelgebirgen nahe meiner Heimatstadt Stuttgart. Entweder ein Zeitungsausschnitt oder ein Wanderbuch steckten in der Schultertasche meiner Mutter, und es waren gewöhnlich Tagestouren. Ich war mir nicht sicher, ob ich gern wanderte, da es mich von meinen Büchern wegstahl und mich noch mehr von den Nachbarskindern unterschied. Sie alle waren Nicht-Wanderer mit Eltern, denen Familienunternehmungen wie diese völlig egal waren.

Meine Eltern sorgten dafür, dass diese Wanderungen etwas Besonderes für uns Kinder enthielten: Wasserfälle mit Brücken, kleine Schluchten, Wege entlang Bachläufen, alte Mühlen, Höhlen, Burgruinen. Lag ein Dorf am Weg, wurden wir mit einem Eis am Stiel verwöhnt, das wir für gewöhnlich im einzigen Lebensmittelgeschäft oder Gasthof erstanden. Unsere kürzesten Wanderungen betrugen etwa 14 Kilometer, unsere längsten rund 26. Wir trugen Wanderschuhe und hölzerne Wanderstöcke. Mein Vater schulterte einen Rucksack gefüllt mit selbstgemachten Butterbroten, aufgeschnittenen Äpfeln, einer Thermoskanne Kräutertee, panierten und gebratenen kalten Schnitzeln und einem Glas leckeren Kartoffelsalats, den meine Mutter zubereitet hatte. Die Ladung wurde ergänzt von einer Picknick-Decke. Picknickplätze wurden willkürlich um die Mittagszeit ausgewählt – eine Bank am Wegrand oder inmitten einer Wiese.

Der absolute Höhepunkt solcher Wanderungen lag meist am Ende solch eines langen Wegs. Sobald wir Wanderstöcke und Rucksack wieder im Auto verstaut hatten, ging unsere Familie entweder für Kaffee und Kuchen ins Café oder in einen Dorfgasthof zum Abendessen. Für uns war das Ausgehen etwas ganz Besonderes, weil es sehr selten vorkam. Es war die Möhre, die meine Eltern wissentlich oder unwissentlich vor meiner Wanderunlust baumeln ließen.

Jahre später, als ich dann allein Urlaub machte, halfen mir Wanderungen wunderbar dabei, die Umgebung meiner Urlaubsorte kennenzulernen. Ich umrundete alle Nordseeinseln, die ich besuchte, und wanderte im Bayerischen Wald. Ich wanderte in Griechenland auf Kreta und Korfu. Ich wanderte den gesamten Küstenweg der englischen Insel Guernsey ab. Ich kaufte besondere Wanderschuhe. Ich kaufte mir schicke Rucksäcke. Ich kaufte Wanderbücher und Karten. Letztlich fühlte sich ein Urlaub ohne Wanderung nicht wie Urlaub an. Ich brauchte nicht einmal mehr Eis am Stiel zwischendurch. Allerdings war mir am Ende einer Wanderung ein Gasthof immer noch sehr willkommen.

Als ich hierherzog, war ich mehr als angenehm überrascht über die wundervollen Wandermöglichkeiten in Western Washington (und vermutlich auch andernorts in den Staaten). Noch glücklicher war ich darüber, dass mein Mann sich als begeisterter Wanderer herausstellte, der immer eine Möglichkeit für ein bequemes, gemütliches Picknick findet – selbst im Schnee! Die Pfade im Gebirge sind liebevoll gehegt.

Man findet an völlig unerwarteten Plätzen Bänke. An jeder Wegkreuzung stehen Wegweiser. Besondere Ausblicke sind gekennzeichnet. An wichtigen Punkten sind Karten angebracht, aus denen man ersieht, wo man sich befindet und welche Optionen man vielleicht als nächste wählen möchte.

Während in Deutschland die einzigen Wildtiere, die ich während einer Wanderung sehen konnte, rote Eichhörnchen oder Spechte sein mochten – das Land ist weit dichter besiedelt und weniger wild – sehen wir hier in Washington Streifenhörnchen und graue Eichhörnchen, Murmeltiere und Bergziegen, Rehe und sogar Bären. Überall in diesem Teil des Bundesstaats gibt es zu meiner Freude Wasserfälle und Bäche. Ich vermisse Burgruinen nicht wirklich – hier finden wir immer wieder alte Minenschächte und Geisterstädte.

Manchmal wünschte ich allerdings, dass sich ein kleines Dorf in unseren Weg stellte. Oder eine Berghütte mit Gastwirtschaft mitten in der Wildnis. Diese Gegensätze machen, wie ich heute merke, Wandererinnerungen noch lebendiger. Hinsichtlich Picknicks – mein Mann sorgt gekonnt für Rucksack-Überraschungsfestmahle. Und nach einer Wanderung einen netten Ort zum Essen zu finden, ist auch nie ein Problem gewesen. Obwohl wir finden – nach einer Wanderung daheim gemeinsam zu kochen, macht noch mehr Spaß!

Schreiben

Manchmal werde ich gefragt, was man tun muss, um Schriftsteller zu werden. Die Antwort ist: Schreiben!

Ich werde auch gefragt, wann ich beschloss, Schriftsteller zu werden. Nie. Es entschied sich so für mich. Bevor ich schreiben konnte, erzählte ich meinem kleinen Bruder Geschichten. Sobald ich buchstabieren konnte, lieh ich mir die mechanische Schreibmaschine meiner Eltern und hackte Geschichten herunter. Nach meinem Universitätsabschluss begann ich, beruflich zu schreiben. Ich schrieb und veröffentlichte mein erstes Buch mit 25. Heute bin ich Kolumnistin und Romanautorin ... etwas, wovon ich immer geträumt hatte. Etwas, von dem ich nie geglaubt hatte, dass ich es werden könne. Und zudem schreibe ich in einer Fremdsprache.

Deutschland hat eine reiche Tradition des Schreibens. Ich wurde Mittelhochdeutsch gelehrt und kämpfte mich durch Hartmut von Aue, Walter von der Vogelweide und Wolfram von Eschenbach. Ich gebe zu, ich mag Chaucers geistreiche Canterbury Tales lieber. Ich ziehe Shakespeare Goethe und Schiller vor. Und mir gefallen moderne britische und amerikanische Literatur weit besser als das meiste, was mein Geburtsland anzubieten hat. Was macht also das Schriftgut so unterschiedlich?

Ich glaube nicht, dass die Sprache, in der ein Text verfasst wurde, die Leichtigkeit seines Tons bestimmt. Obwohl sich ganz offensichtlich das Englische herrlich für

Doppeldeutigkeiten eignet dank seiner Homophone und gar Homonyme, also Wörtern, die gleich klingen oder gleich geschrieben werden, aber unterschiedliche Bedeutung haben. Nach Jahrzehnten des Lesens meine ich, eine andere Geisteshaltung entdeckt zu haben. Namhafte deutsche Autoren sind fast immer todernst und oft pessimistisch. Mir fallen nur wenige Ausnahmen wie Theodor Fontane ein. Und sind sie lustig oder leichtherzig, werden sie oft nicht für lesenswert gehalten. Es ist fast ein binäres Klassensystem der Literatur. Dasselbe finde ich nicht im Englischen.

Literatur ist unterhaltsam und lehrreich. Wende ich diese Definition an, fällt eine Menge in diese Kategorie, abgesehen von Gebrauchsanweisungen für meine Küchenutensilien, Notenblättern und dem Telefonbuch. Und ich denke an all die Menschen, die Tag für Tag fürs tägliche Brot schreiben. Um Geschichten zu erzählen. Um Fakten oder Botschaften zu übermitteln. Um Geistesverwandte zu inspirieren. Für mich habe ich entschieden, eine positive Stimme zu sein. Deswegen finden Sie in meiner Kolumne „Home from Home" keine großartig kontroversen Themen. Deshalb malen meine Wycliff-Romane mit ihrem Alltagsleben normale Menschen, die zu kämpfen haben, enden aber immer gut.

Schreiben ist ein hartes Brot. Als ich anfing, erhielt ich 10 Pfennig Zeilenhonorar und etwa zehn Mark pro Termin. Ich arbeitete wie verrückt. Ich hätte einen Job finden können, der mir mehr eingetragen hätte bei weniger Einsatz. Aber es musste das Schreiben sein. Am Ende hatte ich einen gut bezahlten Beruf – und es war mir schwer, meine Texte im Fachmagazin lehrreich *und* unterhaltsam zu schreiben. Heute ... nunja, ich bin keine der großen Schriftstellerinnen und auch keine der berühmten ... Sie verstehen schon. Ich schreibe noch immer. Ich bin glücklich über freundliche Reaktionen und die eine oder andere lobende Amazon-Kritik.

Es ist Leidenschaft, die mich und all meine Schriftstellerkollegen rührt. Dieses Wochenende werden Sie über 40 Autoren im Shirley McGavick Center des Clover Park Technical College antreffen können (ja, ich werde auch dort sein). Sie werden sehen, dass einige mehrere Genres bedienen, manche mit ein und demselben Buch, andere, indem sie für unterschiedliche Genres schreiben. Fragen Sie sie, warum sie schreiben. Und fragen Sie sich – warum lesen Sie?

Letztlich ist ein Buch die magische Welt, in der sich der Geist eines Schriftstellers und der Geist vieler Leser begegnen. Ein Buch überlebt seinen Autor, aber sein Potenzial, Leser zu erreichen, besteht, solange es existiert. Vielleicht ist das Teil der Faszination.

Instandhaltung

Seien wir ehrlich – Wartungsarbeiten sind nicht meine Stärke. Wahrscheinlich, weil ich aus einer Familie komme, die nie ein Eigenheim besaß (Vermieter übernahmen die Instandhaltung) und die eher akademisch interessiert war. Auch gibt es einige Regulierungen, was man selbst wann und wo in Deutschland instandhalten oder reparieren darf – was viele technische Ambitionen auf das einfache Wissen beschränkt, wer welche Dienstleistung anbietet. Ich kann Deckenlampen anbringen und kleinere Dinge am Waschbecken reparieren. Ich kann Macken an Kacheln reparieren oder korrigieren und Bohrlöcher in der Wand füllen. Hinsichtlich alles Komplizierteren – ich wusste, per Telefonbuch Installateur- und Reparaturspezialisten für alles Größere zu finden.

In den USA habe ich bemerkt, dass die Menschen sich um vieles selbst kümmern, selbst wenn sie nur zur Miete wohnen. Dass ich erstmals in meinem Leben einen Garten habe, hat viel für mich verändert. Ich habe gelernt, jeden Herbst 500 Pfund Laub zu rechen und zu entsorgen – oje, es ist schon wieder fast so weit, richtig?! Meine deutschen Vermieter stellten dazu Gärtner ein. Und mir macht es riesig Spaß, den Rasen zu mähen – es ist meditativ, und ich sehe als sofortige Belohnung, was ich bearbeitet habe. Mein Mann reinigt die Dachrinnen – und ich sterbe fast jedes Mal vor Angst, dass er von der Leiter fallen könnte, während er Wasserschlauch und Besen schwingt und mit seinen Beinen die Leiter weiterbewegt.

Erst kürzlich las ich, dass eine Tochter von Freunden gern ihr Auto selbst repariert. Ich konnte nie mehr als einen Reifen wechseln (theoretisch) und eine Birne oder eine Zündkerze auswechseln. Das ist so ziemlich alles, was Deutsche tun, wenn sie nicht echte Autoliebhaber sind. Alles Kompliziertere wird in die Werkstatt gebracht. Ich hatte keine Ahnung, wie weit man ein Auto daheim zerlegen und reparieren kann, bis ich es selbst erlebte. Mein Mann ist ein Genie bei der Lösung mechanischer und technischer Probleme und hat mir viel beigebracht, indem er mir vieles auf vereinfachte Weise erklärte. Ich wage mich immer noch nicht an mehr Instandhaltung als die Hilfe beim Autowaschen. Aber ich glaube, ich habe eine Menge in Sachen technischer Problemanalyse gelernt, wenn ich ein Geräusch höre, das nicht vorhanden sein sollte. Oder wenn ein Licht aufleuchtet, das aus sein sollte.

Nachbarn von uns haben von Grund auf einen sehr hübschen Schuppen in ihrem Garten gebaut. Andere haben ihre Terrasse selbst überdacht. Manche streichen ihr Haus selbst. Ich stutze im Herbst unsere Büsche.

Warum gehen Deutsche zu Spezialisten und bezahlen sie lieber, als sich selbst um die Instandhaltung zu kümmern, wie viele Amerikaner es tun? Sind es Zweifel an der eigenen Fähigkeit, etwas Handwerkliches auszuüben? Der Ehrgeiz, dass alles perfekt ausgeführt sein muss? Oder einfach, dass man sich beim Instandhalten mitunter schmutzig macht? Gar die Unterscheidung in Angestellten- und Arbeitergesellschaft? Das mangelnde Vergnügen an einer Aufgabe, die das Leben eines Gegenstands verlängert, den man besitzt oder nur mietet? Ich kenne amerikanische Männer, die ihre Motorhauben öffnen, nur um nachzusehen, ob sie irgendetwas finden können, das reparaturbedürftig wäre, selbst wenn sie gerade das ganze Fahrzeug überholt haben.

Zugegeben, ich bin immer noch zu deutsch, um die vergnügliche Seite von Instandhaltungsarbeiten zu sehen, aber schon amerikanisch genug, mich schmutzig zu machen und Stolz zu verspüren, wenn eine Instandhaltungsarbeit abgeschlossen ist. Ich denke oft, ich wäre einer Aufgabe nicht gewachsen, weil sie mir nie beigebracht wurde. An der Seite meines Mannes werde ich besser darin, es einfach einmal zu versuchen. Auch stelle ich fest, dass ich immer noch zögere, mich schmutzig zu machen – ich wurde dazu erzogen, immer ordentlich und fleckenlos zu sein. In meinem amerikanischen Dasein erwische ich mich bei allen möglichen Freizeitbeschäftigungen, die in einem Berg schmutziger Wäsche neben meiner Waschmaschine enden. Warum nicht Instandhaltungsarbeiten hinzufügen?!

Nun, Herbstaufgaben um Haus und Garten stehen an. Zeit, meine Ärmel hochzukrempeln und mich vorzubereiten. Ist noch genug Benzin in unserem Rasenmäher?

Basteln

In etwas mehr als einem Monat feiern wir wieder Thanksgiving, und dann beginnt der Endspurt der Weihnachtsvorbereitungen. Was bedeutet, Dutzende Weihnachtskarten zu schreiben und rechtzeitig vor dem Stichtag abzusenden. Was bedeutet, dass man *jetzt* Weihnachtsdekorationen und -karten basteln muss. Letzteres habe ich in Deutschland nie gemacht.

Manchmal denke ich, dass es seltsam ist, dass ich fast 16 Jahre lang als Journalistin in der Kreativbranche gearbeitet, aber damals nie wirklich Zeit gefunden habe, meine eigenen Weihnachtskarten zu basteln. Ich arbeitete jedes Jahr mein eigenes Adventsgesteck. Aber keine Weihnachtskarten. Ich hatte alle Materialien zur Hand, kostenlose Muster von Herstellern, die mich außerhalb ihrer Workshops, zu denen ich ebenfalls großzügig eingeladen wurde, ihre Produkte selbst erfahren lassen wollten. Ich eignete mir Fähigkeiten in einer Menge verschiedener Techniken an. Aber ich setzte sie selten ein. Es gab einen einfachen Grund dafür: Ich arbeitete 12- bis 14-Stunden-Tage, schrieb, organisierte Veranstaltungen und reiste oft noch zusätzlich. Wenn ich heimkam, verspürte ich nicht genug Muße, nochmals kreativ zu werden. Und seien wir ehrlich – Dutzende Karten zu basteln wird unter Zeitdruck zu Arbeit.

Mein Leben wurde auf den Kopf gestellt, als ich hierherkam. Plötzlich hatte ich alle Zeit der Welt, alle Materialien zur Hand und zudem rund herum fantastische

Bastelgeschäfte. Ich begann wieder zu malen, bis die Wände unseres Zuhauses mit dem, was ich echte Kunst nenne, und meinen Versuchen auf Leinwand bedeckt waren. Ich begann wieder Découpage-Objekte zu gestalten – kleine Schachteln, Untersetzer, sogar ein Gitarrenpedal. Ich half beim Kids Club im Steilacoom Historical Museum und brachte ein paar nette Papierbastel- und Malprojekte ein. Einmal leitete ich sogar eine Gruppe Damen zu Traditionstechniken an – wir dekorierten Kleenex-Holzschachteln mit Bauernmalerei.

Dieser Tage schnappe ich mir wieder meine Kisten mit Bastelpapieren, Kartenrohlinge, Sticker, Stempel, Glitter, Embossing-Pulver, Effekt-Stifte, Silhouetten-Scheren, Stanzen und Bänder und mache mich ans Werk. Rund 50 Grußkarten wollen gearbeitet werden. Ich habe mich noch nicht auf ein spezielles Aussehen festgelegt. Vielleicht stanze ich mit einer Stanzmaschine Fenster in die Karten. Vielleicht füge ich ein paar Liedzeilen hinzu. Vielleicht kreiere ich etwas in 3D, das sich nicht zu schwierig in einen Umschlag zwängen lässt und keine Frankiermaschine bei der Post behindert.

Später sollte ich über Adventsdekorationen nachdenken. Der Erste Advent fällt in diesem Jahr erst auf den 2. Dezember. Deutsche Privathaushalte dekorieren meist nicht vor Totensonntag – das setzt mich auf eine entspannte Zeitschiene. Vielleicht stellen wir unseren Christbaum gleichzeitig auf, im Sinne der amerikanischen Traditionen meines Mannes – geschmückt mit einer Menge handgefertigter Ornamente aus Holz, Perlen und Draht oder einfach bemalt.

190

Aber Moment – es ist erst Oktober. Warum schon so weit vorausdenken?! Jetzt geht's erst einmal um die Weihnachtskarten und um Wachskerzen (weil ich weiß, wie schnell schöne, duftfreie Stumpenkerzen ausverkauft sind). Vor uns liegen noch ein paar herrliche Herbstwochen – mit Kürbis-Dekorationen, farbenprächtigem Laub, Vogelscheuchen, Trauben, Astern, vielleicht ein paar Krähen mittendrin … oder ein Truthahn. Ich sorge besser dafür, dass meine Thanksgiving-Dekoration gut aussieht. Ein Floristikgesteck am Treppenaufgang, ein kleiner Strauß auf dem Esstisch … Erst kürzlich habe ich ein hübsches Kerzenarrangement wiedergefunden, das ich vor ein paar Jahren gefertigt hatte und das inzwischen aus dem Leim gegangen ist. Ich könnte so etwas wieder basteln. Wenn ich dazu in der Laune bin. Es hat keine Eile, es pressiert nicht. Alles wird sich von selbst ergeben – am Ende gründen die Festtage im Herzen. Wenn es dabei nur um Dekorationen ginge, worin läge dann ihr Sinn?

Essen

Kleingebäck

Ich bin kein Bäcker. Ich esse nicht einmal oft Plätzchen. Kurz, ich besitze eine unterentwickelte Neigung für Süßes. Trotzdem rief mich neulich eine Freundin an und bat mich, für einen halbprivaten Anlass eine Ladung Plätzchen zu backen, und ich sagte Ja.

Natürlich musste ich wissen, was ich liefern sollte. Ich wollte nicht die xte Person mit den xten drei Dutzend desselben Gebäcks sein. „Chocolate-Chip-Kekse, Erdnussbutter-Kekse oder Snickerdoodles," sagte meine Freundin. „Du kannst auch eine Fertigmischung verwenden." Nun, ich mag ja kein Bäcker sein, aber ich habe meine Hausfrauenehre zu verteidigen. Natürlich würde ich alles selbst machen!

Als ich aufhängte, bekam ich meine Zweifel. Nicht ob des Backens selbst. Ob der Plätzchen, die erbeten worden waren. Warum? Sie sind so amerikanisch, dass diese deutsche Einwandererin hier sie ein- oder zweimal gekostet, aber nicht selbst gebacken hat. Nie. Erdnussbutter bevorzuge ich in herzhaften Gerichten. Ich mag bestimmt keine Chocolate-Chip-Kekse, außer es ist mehr als „bloß" Schokolade darin. Und Snickerdoodles, auch wenn sie gewiss lecker sind, machen mich noch immer ob ihres Namens stutzig. Klingen sie nicht wie etwas gefährlich Starkes aus Alices Wunderland?! (Allerdings kommt der Name anscheinend vom deutschen Wort „Schneckennudel", aber dieses gewundene Gebäck hat nichts mit seinem amerikanischen Namensvetter gemeinsam.)

Wie auch immer, ich entschied mich gegen zwei Sorten Plätzchen und dafür, es mit der zimtigen Sorte zu versuchen. Um sicherzugehen, würde ich auch eine Ladung meiner Pfefferminz-Chocolate-Chip-Kekse backen. Das kam doch dem Original recht nahe, oder? Und falls niemandem mein erster Versuch mit amerikanischen Plätzchen gut genug sein würde, hätte ich zur Kompensation eine Partie deutscher. Zumindest wusste ich, wie die zu sein hätten, da ich mit ihnen aufgewachsen bin

Vanillekipferl? Nusshörnchen? Kokosmakronen? Heidesand? Elisenlebkuchen? Ich hatte Schreckvorstellungen von verbrannten Keksen. Halbrohen Keksen. Zu krümeligen Keksen. Zu süßen Keksen. Zu exotischen Keksen. Endlich – Heureka! Alpenbrot würde es werden, dieses würzige Etwas, das Magenbrot und Lebkuchen so verwandt ist, unscheinbar braun, beinahe unförmig, aber so geschmacksintensiv. Liebevoll mit einer dünnen Schicht Zuckerguss glasiert, während es noch heiß ist. Mehrere Tage in einer Dose gelagert, um weicher zu werden. Ich werde mit meinen amerikanischen Plätzchen vielleicht keinen Orden gewinnen, aber vielleicht gewinnen mir meine deutschen ein Lächeln oder zwei.

Da backe ich nun dreimal drei Dutzend Kekse anstelle nur eine Partie von einem Dutzend, und draußen steigen die Temperaturen auf über 30 Grad – und drinnen ist es fast genauso heiß. Obwohl ich so gar kein Bäcker bin. Und … ach, Sie wissen ja all das schon.

Integration kann für einen Einwanderer von einer halben Welt weit weg eine Herausforderung sein. Und sie kann es in Form einer Kleinigkeit selbst im Fall von nur 36 Plätzchen sein oder auch nicht.

Barbecue

Als ich aufwuchs, war der Begriff Barbecue oder BBQ für „etwas auf den Grill legen" in Deutschland noch unbekannt. Meine Familie lebte wie so viele Deutsche in einem Mehrfamilienhaus mit sechs bis 20 Einheiten, und Grillen war dort streng reguliert. Jede Einheit hatte eine feste Anzahl von Grillgelegenheiten im Jahr. Ich meine, es waren etwa sechs; es könnten zehn gewesen sein. Und in so enger Umgebung macht das irgendwie auch Sinn. In den frühen 70ern funktionierten die meisten deutschen Grills mit Holzkohle. In einem Haus mit nur sechs Wohneinheiten macht das bis zu 60 Nächte voll Holzkohlenrauch und Asche, die in die Fenster und Balkons anderer Wohnungen fliegt.

Aus irgendeinem Grund mochten meine Eltern daheim nicht grillen. Ich fragte nie, warum. Ich weiß, dass sie den Geruch nicht mochten. Ich nehme an, sie wollten auch nicht unbedingt lästige Holzkohlenasche entsorgen. Sie hatten ihren Teil an Holz- und Kohlenschlepperei von Kellern in Dachgeschosswohnungen, um unser Zuhause warm zu halten, und am Tragen kalter Asche wieder drei Treppen hinunter gehabt. Vielleicht waren sie einfach an dem Punkt angelangt, an dem sie keinen „Spaß" mehr daran hatten, überhaupt ein Feuer zu schüren. Aber ich erinnere mich daran, dass wir die Feuerstellen auf Picknickplätzen nutzten, wo wir ungeschickt auf dicke im Wald gesammelte und angespitzte Stöcke gesteckte Würstchen übers offene Feuer hielten. Ich *liebte* Barbecues. Vielleicht umso mehr, weil sie so selten waren.

Später bei einem Besuch bei Verwandten im US-Bundesstaat Maine lernte ich erstmals den typisch amerikanischen Kesselgrill kennen. Immer wieder während meiner zwei Sommeraufenthalte grillte mein Onkel Del die größten Steaks, die ich je gesehen hatte (heute weiß ich, dass es London Broil war), über einer sorgsam gebauten und geduldig abgewarteten Holzkohlenglut. Dünn aufgeschnitten, nur gesalzen und gepfeffert, ist dieses Fleisch zusammen mit dem unglaublich delikat von meiner Tante Isa zubereiteten Pilz- und Kräuterreis noch heute denkwürdig. Nur darüber zu reden, bringt den Geschmack wieder auf meine Zunge. Diese Barbecues mussten mir für lange Jahre genügen.

Alles änderte sich, als ich meinem Mann begegnete. Eines Abends während meines ersten Besuchs in seinem vorübergehenden Zuhause in England überraschte er mich mit einer Grillmahlzeit. Und es war auch kein einfach auf den Grill geworfenes Stück Fleisch. Es war ein Kebab, liebevoll mit Zwiebeln und Paprika auf einem Spieß angerichtet und köstlich gewürzt. Wir sahen den Hasen in seinem Garten zu, während wir den Tisch auf der Terrasse deckten. Wir beobachteten die Pferde auf der Nachbarweide, während in Alufolie eingewickelte Maiskolben unter einer Glasur aus Butter, Salz und Pfeffer dünsteten. Und als alles fertig war, schalteten eine Drehung am Ventil und eine an einem Knopf den Grill sofort aus. Kein Staub, keine Asche, nur das Reinigen des Grillrosts später. Und das kulinarische Ergebnis? Ich hing am Haken.

Eines unserer Hochzeitsgeschenke würde übrigens ein Grill sein – von oben erwähntem Onkel und Tante.

Wir versuchen immer noch, unseren Grillstil zu perfektionieren, weit über Kebabs, Steaks und Würstchen hinaus. Ich habe meine Angst vor dem Feuer zu überwinden gelernt und kann ziemlich gut die Krebse darüber dampfgaren, die wir während der Krebsfangsaison im Puget Sound fangen. Wir plankieren Fisch. Wir grillen Shrimp und Gemüse. Wir werden recht kundig hinsichtlich Garzeiten und Grillgutdicke bzw. -dichte. Wir würzen und marinieren. Wir bestreichen und glasieren. Wir diskutieren, und wir stimmen uns zeitlich aufeinander ab, wenn wir Seite an Seite arbeiten. Wir beobachten Vögel und Eichhörnchen in unserem Garten, während wir grillen. Wir schlürfen ein Glas Wein, während wir dem Sonnenuntergang zusehen.

Grillen ist immer noch etwas ganz Besonderes für mich. Es wird vielleicht nie ganz normal und alltäglich für mich sein. Ich liebe die Düfte und Aromen. Ich liebe die entspannte Atmosphäre. Unlängst erhielt unser Grill bei Temperaturen über 25 Grad eine vorübergehende Pause. Aber oh, freut sich das deutsche Kind in mir darauf, wenn das Ventil gedreht, der Knopf gedrückt, und der Schalter wieder angestellt wird!

Süße Erinnerungen

Als kleines Kind bekam ich genau ein Bonbon am Tag. Keines, wenn ich mich schlecht benommen hatte. Das war nicht schlimm. Es war, woran ich gewöhnt war. Weihnachten, Ostern und Geburtstage waren daher etwas Außergewöhnliches wegen ihrer puren Menge an Süßigkeiten. Und an einigen sehr seltenen Tagen bekam ich als Vier- oder Fünfjährige zehn Pfennig und ging damit zum Tante-Emma-Laden in unserer Straße, um herauszufinden, was sie mir alles kaufen würden.

Frühstück in Deutschland war Roggenbrot (übrigens nicht die amerikanische Variante mit Kümmel, die als deutsch verkauft wird) mit Butter und selbstgemachter Marmelade sowie ein oder zwei Tassen heißer Kakao. Freitags buk meine Mutter fürs Wochenende. Ab und zu gab es deutsche Eierkuchen, also etwas dickere Crêpes als die französische Variante, mit Zucker bestreut und Kompott dazu. Und wenn wir ausgingen – was nur sehr selten geschah – war ein Glas Limonade das Maximum (kostenloses Auffüllen ist in der europäischen Gastronomie unbekannt). Das war so ziemlich alles, was meine Mutter uns Kindern an Zucker erlaubte. Abgesehen von saisonalem frischem Obst, das wir aßen.

Als ich als Teenager zum ersten Mal in die USA kam, war ich von der Vielfalt süßer Cerealien, die in jedem Haushalt zu finden waren, überwältigt – sogar mit bunten Marshmallows! Als Teenager fand ich das natürlich toll. Heute halte ich es wieder mit Haferflocken und Joghurt, vielleicht mit einem Löffel Marmelade oder frischem Obst. Lieber aber mit

einem herzhaft belegten Brot. Süße Cerealien jedoch sind mir
… einfach zu süß. Ich vermute, mein Körper hat in meiner
Kindheit festgelegt, wieviel Süße er ertragen kann. Und das ist
nicht sehr viel. Sie werden merken, dass das viele mittel- und
nordeuropäische Besucher und/oder Einwanderer meiner
Generation ähnlich empfinden.

Dieser Tage, wo manche Orte in den USA zu welchem
Zweck auch immer eine Steuer auf gesüßte Limonaden
erheben, finde ich immer noch eine Menge hinzugefügter Süße
in Lebensmitteln, in denen Deutsche sie nicht erwarten.
Schauen Sie sich nur die Brot-Etiketten an, und sehen Sie,
wieviel Zucker oder Maissirup diesem Nahrungsmittel
hinzugefügt wurde. Ich habe hier Sandwiches gegessen, bei
deren süßem Geschmack ich das Gesicht verzogen habe – es
funktioniert für mich nicht, besonders nicht mit herzhaftem
Belag. Und natürlich gibt es die ganz offensichtlichen
Nahrungsmittel: mit Honig glasierter Schinken, mit Ahornsirup
getränkter Speck, kandierte Cranberries in Salaten, dicke
Zuckergussschichten auf Kuchen. Instinktiv halte ich mich von
diesen fern.

Manchmal frage ich mich, ob das Überbleibsel der
Haltbarmachung früher Pionierzeiten sind, als Salz wohl sehr
selten, Zucker aber – wie in Honig oder Ahornsirup – verfügbar
war. Aus offensichtlichen Gründen würden Pioniere
Tauschhandel für importiertes Salz betrieben haben, bevor
größere Ressourcen durch Salzminen wie die wohl älteste in
Syracuse in New York erschlossen wurden. Man kann erst

Abbau betreiben, wenn man sicher angesiedelt ist. In Europa reicht die Tradition bis ins Mittelalter. Salz wurde weithin zur Haltbarmachung verwendet, was sich noch im schwäbischen Wort „Gesälz" spiegelt, was gesalzen bedeutet und Marmeladen bezeichnet. Ursprünglich benannte es alles Eingesalzene – interessanterweise blieb es an dem am wenigsten vermuteten, mit Salz haltbar Gemachtem hängen: Obst!

Ob es damit zusammenhängt, woran wir uns über die Jahrhunderte hinweg gewöhnt haben, ob Maissirup so vielen Produkten wie möglich hinzugefügt wird, um die Maisindustrie zu stärken, oder ob es nur sehr individuelle Geschmacksache ist – ich finde es interessant, denn der Zuckergenuss in den USA ist einfach auffallend im Vergleich zu dort, wo ich herkomme. Und es ist schwer zu vermeiden, es sei denn man prüft jedes einzelne Etikett auf Inhaltsstoffe.

Ich habe angefangen, ab und zu Brot selbst zu backen. Die deutsche Bäckerei hier in Lakewood verwendet ebenfalls Originalrezepte aus Übersee. Hin und wieder kaufe ich amerikanisches Brot, um die amerikanischen Geschmacksknospen meines Mannes zu versöhnen. Er geht auch jede Menge Kompromisse hinsichtlich meines eigenwilligen Geschmacks ein. Ich gebe zu, ich habe in der Vergangenheit Cupcakes gebacken und mit Zuckercreme überzogen. Ich mache kein Gesicht oder werde pingelig, wenn ich eingeladen bin und es steht gesüßtes Essen auf dem Tisch. Aber Ambrosia mit Marshmallows oder Jell-O werden nie aus meiner Küche kommen. Meine Geschmacksknospen haben seinerzeit anscheinend genügend süße Erinnerungen gesammelt – auch mit nur einem Bonbon pro Tag.

Weißer Spargel

Was haben die Deutsch-Amerikaner bloß mit ihrer Liebe zu weißem Spargel? Wir sehnen uns besonders im Frühjahr danach. Wir führen Freudentänze auf, entdecken wir welchen im Supermarkt. Wir sprechen auf Facebook darüber, wenn wir welchen gefunden haben, und all unsere deutsch-amerikanischen Freunde sagen „OMG, wo?! Muss mir welchen holen!" Während die meisten meiner amerikanischen Freunde sich fragen, was weißer Spargel ist, was man damit macht und wie er schmeckt.

Ich bin mit einem deutschen Sprichwort aufgewachsen, das besagt, wolle man etwas gelte, solle man sich selten machen. Vielleicht ist das eins der Geheimnisse weißen Spargels. Man bekommt ihn nicht das ganze Jahr über. Seine Saison in Europa ist begrenzt von März (im Mittelmeerraum) bis in den frühen Juni, während grüner Spargel ganzjährig erhältlich ist. Deutscher weißer Spargel wird nur von Mitte April bis in den frühen Juni geerntet. Und glauben Sie mir, er ist eine Delikatesse.

Doch was verleiht ihm diesen Status? Erst einmal eignet sich nicht jeder Boden für den Anbau weißen Spargels. Er muss nährstoffreich und sandig zugleich sein, was Regionen wie das Rheintal zu idealem Anbauland macht. Nur die unterirdischen Sprossen werden geerntet. Deshalb bleiben die Stangen weiß, manchmal mit etwas Lila an den Spitzen, während grüner Spargel oberirdisch gewachsen ist. Sie haben es schon erraten – weißer Spargel ist viel saftiger und zarter als die ausgewachsene grüne Version.

Die Römer haben weißen Spargel nach Germanien eingeführt, aber mit ihrer Rückkehr nach Italien ging das Wissen um das Gemüse verloren. Erst im 16. Jahrhundert wurde weißer Spargel wiederentdeckt. Ein Gemüse, das nur in besonderen Gegenden wuchs und unterirdisch geerntet wurde, Stange für Stange mit dem Messer – solch hart erarbeitete Feldfrucht musste zum Gericht nur auf den Tischen des Adels und sehr reicher Leute werden. Selbst heute hat weißer Spargel seinen Preis – ein dezimales Pfund der deutschen Variante kostet bis zu 12 Dollar zu Saisonbeginn. Der weiße Spargel, den wir manchmal hier in Western Washington bekommen, stammt anscheinend meist aus Peru und ist nicht so zart und saftig wie der, den ich gewohnt bin. Aber er ist auch nicht so teuer und stimmt geschmacklich.

Derzeit ist Deutschland im Weißer-Spargel-Fieber. Restaurants haben ganze Weißer-Spargel-Speisekarten. Meist wird nach dezimalem Pfund serviert. Die Leute kaufen ihn kiloweise auf Wochenmärkten, in Supermärkten oder frisch vom Bauernhof. Es gibt zahllose Rezepte und Internetseiten zu weißem Spargel. Und ich habe mich selbst dabei erwischt, dass auch ich die Gemüsestände von Bauernmärkten und Supermärkten hier nach der weißen Delikatesse absuche – bislang vergeblich.

Wie bereitet man diese Stangen also zu? Kürzen Sie die Enden um etwa einen Zentimeter oder mehr. Sie wollen keine trockenen, gar holzigen Enden auf Ihrem Teller. Dann schälen Sie die Stangen vorsichtig und dünn mit einem Messer oder Kartoffelschäler. Es ist egal, ob Sie die Stangen am Stück kochen oder in Stücke schneiden, damit sie in den Topf passen. Ich verwende normalerweise 100 g Butter pro Pfund und bestreue den Spargel mit etwas Zucker und Salz. Ich füge auch gern etwas Estragon hinzu. Fügen Sie etwas Wasser hinzu, damit der Spargel nicht anbrennt. Dann dünsten Sie ihn sanft fünf bis zehn Minuten je nach Dicke der Stangen. Pellkartoffeln sind ein idealer Begleiter für weißen Spargel. Und dann lassen Sie Ihrer Fantasie freien Lauf. Belassen Sie's vegetarisch – das ist perfekt. Fügen Sie ein paar Scheiben Schinken hinzu – großartig. Sauce Hollandaise? Ein Klassiker. Mit Schnitzel oder Lachs – Sie werden begeistert sein.

Aus den Schalen und Enden kreieren Sie eine fantastische Brühe. Sieden Sie sie einfach in etwas Salzwasser, dann sieben Sie die Brühe in einen anderen Topf. Binden Sie die Brühe mit etwas in kaltem Wasser gelöstem Mehl oder Kartoffelstärke, und fügen Sie etwas saure Sahne hinzu. Würzen Sie mit einem Stich Butter, Pfeffer und geriebener Muskatnuss. Spargelcremesuppe ist eine delikate Vorspeise. Und damit nutzt man auch die Schalen. Spare in der Zeit, so hast Du in der Not.

Achja, weißer Spargel … Ich frage mich, warum er anscheinend nicht auf den Farmen hier in Western Washington angebaut wird. Vielleicht haben wir nicht die geeigneten Böden dazu. Vielleicht ist er bei den Farmern nicht bekannt genug. Ich bin mir ziemlich sicher, dass Deutsch-Amerikaner ihnen das gute Zeug aus den Händen reißen würden ... Nunja, vielleicht nächstes Jahr?

Kaffeeklatsch

Der deutsche Begriff „Kaffeeklatsch" hat es in die amerikanische Sprache geschafft. Für gewöhnlich findet er in den Nachmittagsstunden statt und wird zu Hause wie auch im Café genossen. Leider gehören in meinem Geburtsland klassische Cafés immer mehr der Vergangenheit an. Es gibt noch ein paar Wiener Cafés in Deutschland, aber das leicht barocke Interieur, die leise klassische Musik und die typische deutsche Sahne- oder Buttercremetorte scheint mehr und mehr durch eine Mischung aus französischen Bistros und West-Washingtoner Kaffeekettenkultur ersetzt zu werden.

Ein Kaffeeklatsch ist so ziemlich das Gegenstück tagsüber zum ursprünglich rein männlich besetzten, eher alkoholisch geprägten „Stammtisch" in Gasthäusern. Wer weiß, wann der Kaffeeklatsch überhaupt entstanden ist?! Er mag aus der Langeweile heraus geboren worden sein – er war sicher etwas, das sich anfangs nur die Wohlhabenden und Müßiggänger erlauben konnten. Die Zeiten haben sich geändert. Kuchen und Torte sind für viele erschwinglich geworden; und oft laden junge Mütter andere Mütter zum Kaffeeklatsch in Verbindung mit Spielverabredungen für ihre Kinder ein. Und dann gibt es natürlich die großen Ereignisse wie Hochzeiten, Taufen, Konfirmation/Kommunion, Geburtstage und Beerdigungen, bei denen Kaffee und Kuchen im Zentrum des Rituals stehen. Die Festlichkeit, sich Zeit zur Muße zu nehmen, wird durch besondere Kuchen und eine Tasse Kaffee unterstrichen … und durch Klatsch.

Die Arbeitswelt und jüngere Generationen haben die Kultur des Kaffeeklatsches in meinem Geburtsland ein wenig verändert. Kaffee wird häufig im Gehen getrunken. Kalorienzählen hat den Genuss von Sahnetorten und Buttercremekreationen ersetzt (ausgenommen obige Anlässe). Und aufgrund knapper Freizeit tagsüber ist der Stammtisch eine offensichtlichere Alternative für arbeitende Männer und Frauen geworden, oft nach Geschlechtern getrennt. (Mädels können Mädchenthemen einfach besser diskutieren, wenn kein Mann darüber die Augen rollt, richtig? Und ich nehme an, umgekehrt gilt für Männer dasselbe.)

Zu meiner Überraschung scheint Western Washington dieser Tage mehr Kaffeehauskultur zu entwickeln, als mein Geburtsland zu wahren imstande scheint. Und nicht nur die ältere Generation genießt sie anscheinend.

Das erste Mal hier betrat ich ein Café in Olympia. Es war ein bekanntes deutsches Café mit einer großen Kuchentheke, und ich hatte Lust auf Bienenstich, einen mit Vanille-Buttercreme gefüllten und einer Schicht aus Mandeln und Honig überbackenen Kuchen. Wenn man in Deutschland aufwächst, weiß man, wie er schmecken muss – sagen wir, der Kuchen, den mir die Konditoren an jenem Tag verkauften, war Perfektion, und ich wurde über dem Stück wehmütig, während ich kaute. Lakewood hat seine eigene deutsche Konditorei, und oft steht man an der Kuchentheke Schlange, während man im Hintergrund Deutsche (zumeist Damen) in ihrer Muttersprache sprechen hört. Es gibt auch eine wunderbare Auswahl an

Kuchen und Torte im Deutsch-Polnischen Restaurant in Lakewood.

Nun, es überraschte mich, dass es hier überhaupt deutsche Cafés gibt. Meine einzigen Kuchenerfahrungen in den USA bis dahin waren Kreationen aus Biskuitböden und Zuckercreme zum Dessert bei festlichen Abendessen. Und – ehrlich gesagt – ich bin kein Fan der meisten dieser Kuchen oder von Desserts nach einem ohnehin reichhaltigen Essen.

Nein, die größte Überraschung ist, wieviele Tortenstudios und Cafés in den acht Jahren gegründet worden sind, seit ich das Vergnügen habe, hier zu leben. Denn sie zelebrieren die Kunst, Desserts auf die ausgesuchteste Art zu kreieren, die man sich vorstellen kann. Sie haben den Charme klassischer europäischer Cafés, ohne verstaubt oder barock zu wirken. Sie haben Kuchentheken, die selbst mich Philister sich fragen lassen, wie dieses oder jenes Werk schmecken mag. Oder wie man überhaupt solch filigrane Dekorationen erschaffen kann. Und ob eine Fahrt zu einem bestimmten Konditor oben im Norden, in Bellingham, einen Gastank wert wäre oder ob man das besser mit etwas verbände, das den reinen Verzehr Lust-machender kalorienhaltiger Glückseligkeit rechtfertigte.

Währenddessen sehe ich meine Kochbücher durch und überblättere alle Seiten, die mit Kuchenbacken zu tun haben. Und ich frage mich, wie meine Mutter es schaffte, ihr ganzes Leben lang zum Wochenende Kuchen und Torten zu backen und unserer Familie einen täglichen Kaffeeklatsch zu

211

ermöglichen, ohne dass wir aus den Nähten platzten. Achja, ihre wundervollen Kreationen ... Vielleicht sollte ich an meinen Backfähigkeiten etwas konsequenter arbeiten. Obwohl – will ich wirklich noch mehr Extrapfunde auf den Hüften?

Kohl und Kartoffeln

Man hat mich hier nach meiner Ankunft manches geheißen. Eins davon war „Sauerkraut" oder „Kraut". Es gibt Schlimmeres - trotzdem …

Tatsächlich mag ich Sauerkraut. Als Kind gab mir meine Mutter immer ein bisschen frisch aus der Dose, und als Erwachsene genieße ich immer noch ab und zu eine kleine Dose Mildessa-Kraut.

Warum ist Kohl so ein beliebtes Gericht in Deutschland? Und warum essen wir ihn so oft sauer? Letzteres ist einfach. Saurer Kohl ist haltbar, weil die Säure als Konservierungsmittel dient. Und weil saurer Kohl jeglicher Art zugleich verzehrtes Fett aufbricht. Deshalb servieren wir Sauerkraut mit fetten Schweinefleischgerichten wie Haxen, Würstchen oder Krustenbraten. Deshalb haben wir heißen, sauren Rotkohl mit Gans oder anderem Geflügel.

Die Gegend in Deutschland, aus der ich stamme, ist berühmt für Spitzkohl. Es gibt sogar Feste, die die Kohlernte feiern. Aber in meinem Geburtsland gibt es noch viel mehr Kohlsorten, und interessanterweise haben sie andere Namen und mitunter selbst Geschmacksnoten als hier. Der Grünkohl hier würde dort wohl noch als Weißkohl gelten. Aber deutschen „Grünkohl" gibt es hier in Western Washington gar nicht. Zumindest habe ich bis jetzt keinen gefunden. Es gibt „Kale" – Deutsche meinen mitunter, es sei dasselbe wie Grünkohl; aber hier besteht er aus losen Blättern, während er dort ein Kopf wäre, und amerikanischer Kale schmeckt wie Kohlrabigrün, nicht wie Grünkohl. Savoy Cabbage hier ist so ziemlich, was in Deutschland Wirsing heißt. Er eignet sich bestens für mit Hackfleisch gefüllte Kohlrouladen, aber hat auch allein zubereitet seine Berechtigung als Beilage. Und es gibt noch viele weitere Sorten – Sie verstehen schon.

Habe ich schon gesagt, dass Deutsche nie mehr als nur eine Kohlsorte mit einem Hauptgang servieren? Wenn Sie nächstes Mal nach einem deutschen Restaurant-Erlebnis suchen, vergessen Sie nicht, dass die Kombination aus Sauerkraut, kaltem (!) Rotkohl und „deutschem" Kartoffelsalat typisch amerikanisch ist. In Übersee würde man die drei nie nebeneinander servieren, genauso wenig wie eine Roulade auf demselben Teller wie ein Schnitzel oder Schweinebraten. Deutsche sind da recht puristisch.

Warum nun habe ich deutschen Kartoffelsalat in Anführungszeichen gesetzt? Weil es ihn nicht gibt. Was hier als „deutscher" Kartoffelsalat verkauft wird, ist einer mit Mayonnaise. Das ist eine regionale Variante. Ich komme aus einer Gegend, in der er normalerweise mit einer Mischung aus Brühe und Vinaigrette zubereitet und lauwarm gegessen wird. Meine Mutter bereitete ihren aus kalten Pellkartoffeln mit einer Vinaigrette. Manche Leute geben in ihren Salat Speckwürfel. Meine Mutter benutzte Gemüse wie Gurkenscheiben oder Paprikawürfel, gehackte Endivie oder Chicorée für zusätzliche Knackigkeit. Oder gewürfelte Essiggurken. Wenn wir Kartoffelsalat hatten, stand er für eine stärkehaltige Beilage wie auch für eine Salat- oder Gemüsebeilage. Wir aßen ihn zu

214

Würstchen, Schnitzel oder gebratenem Fisch. Zusätzliche Beilagen waren unnötig.

Vermutlich gibt es so viele Kartoffelsalat-Rezepte in Deutschland wie Haushalte. Vielleicht sogar mehr, bedenkt man die Vielfalt der Zutaten. Ich verwende die fünf verschiedenen Rezepte meiner verstorbenen Mutter, das meiner Schwiegermutter und zwei eigene Varianten. Und wenn Sie etwas anderes als die Kartoffelsalate aus der Supermarktschachtel wollen, versuchen Sie zur Abwechslung einmal diesen Link: https://germangirlinamerica.com/german-style-potato-salad-recipes/. Diese Rezepte wurden alle aus deutschen Quellen zusammengetragen – und vielleicht ermutigen Sie sie dazu, kreativ zu werden. Soviel zu deutschem Kartoffelsalat!

Salzkartoffeln, Pellkartoffeln, Kartoffelpuffer (ähnlich wie Hash-Brown-Bratlinge, aber dünner und mit Zwiebeln darin), Bratkartoffeln, Kartoffelkloesse, Stampfkartoffeln – dies sind ebenso klassisch deutsche Kartoffelbeilagen, die hier aber weniger häufig auf Speisekarten zu finden sind. Wenn sie Ihnen begegnen sollten (und meist werden sie nicht als „deutsch" bezeichnet) – versuchen Sie sie! Denn sie sind genauso authentisch wie jeglicher Kartoffelsalat.

Habe ich erst neulich Bratkartoffelecken und wunderbaren in Entenfett und Wein geschmorten Wirsing zu Schnitzel serviert? Achja, Kohl und Kartoffeln – so einfach, so vielfältig, und so traditionell deutsch!

Eiscreme

Heiße Sommertage in meiner Kindheit in den 70ern sind mit dem Geschmack saftiger, frischer Pfirsiche verbunden und – dem von Eiskrem. Ich werde nie den kalten Erdbeergeschmack an Sonntagnachmittagen vergessen, wenn meine Eltern mit meinem Bruder und mir spazieren gingen und meist in eine kleine Eckkneipe hineingingen, nur um Eis am Stiel zu kaufen. Welche Glückseligkeit, eine dieser 25-Pfennig-Delikatessen zu erhalten! Oder der Spaß, daheim Eis am Stiel zu machen, indem wir Orangensaft in Formen gossen und diese einfroren. Ich erinnere mich, dass ich meine Mutter stundenlang belagerte, wann es denn endlich fertig sei – und das Vergnügen, die kalte Süße aus dem fragilen Eisblock herauszusaugen, während meine kleinen Hände ganz klebrig wurden.

Später verwendete ich einen Teil meines Taschengelds auf Eis am Stiel namens Capri oder Miami oder Dolomiti, allesamt Sorbets. Bis ich ganz aufhörte, Eis am Stiel zu essen und Eiskaffee verfiel (der deutschen Art mit Vanilleeis und Schlagsahne). Am Ende habe ich fast ganz aufgehört, Eiscreme zu essen, aber noch ein paar Eisorgien mit bis zu acht Bällchen italienischer Eiscafé-Größe in verschiedensten Farben und Geschmacksrichtungen genossen. Mann, war mir danach kalt!

Komischerweise hätte ich nie gedacht, dass ich je eines Tages selbst ein Eiscafé betreiben würde. Oder besser gesagt – ein Eiscreme-Fest. Ich glaube, Eiscreme-Feste sind spezifisch amerikanisch, und meines fand am 4. Juli zu Beginn meines zweiten Jahres nach meiner Ankunft hier statt. Ich war wirklich überrascht, als der Direktor des Steilacoom Historical Museum – für den ich damals als Büromanager und Museumsführerin zugleich arbeitete – mich bat, das Ereignis zu leiten. Ich fühlte mich unglaublich geschmeichelt. Als Einwanderin eines *der* Museums-Events an *dem* Nationalfeiertag zu leiten?! Ich fürchtete mich auch sehr. Was, wenn ich es vermasselte?

Ich begann, Aufgabenlisten mit einem Zeitplan zu erarbeiten. Ich beschaffte mir eine Küchenarbeiter-Lizenz für Washington State. Dann rief ich meinen Ausschuss zusammen, darunter eine sehr fröhliche Dame, die äußerst effizient sein und auch in der größten Hitze und im größten Ansturm an jenem Tag noch lächeln würde. Wir hatten etwa drei Treffen, die in noch mehr Listen resultierten. Wir kauften ein und lagerten die Dinge in den Gefrierschränken des Museums. Ich rief Dutzende Menschen an, die signalisiert hatten, sie würden beim Eiscreme-Fest helfen und die erschienen, solche, die sich gemeldet hatten und einen Rückzieher machten, und solche, die ich kannte, die sich nicht gemeldet hatten, aber bereit waren zu helfen. Nachts fühlte ich die Schmetterlinge in meinem Bauch zu Delphinen anwachsen; als der 4. Juli gekommen war, war ich fast krank.

Als ich aufwachte, war es ein wolkenloser Tag, der heißeste des ganzen Jahres. Ich schnappte mir ein paar letzte Requisiten und stiefelte durch unsere schläfrige Kleinstadt, die erst langsam erwachte. Das neu eröffnete Café am Eck einer der Hauptkreuzungen hatte schon seine Gartenmöbel

217

herausgebracht und Sonnenschirme aufgestellt, die Leute im Pub gegenüber bauten eine Bühne und lange Biertische auf; ein Stück weiter dekorierten die Leute der Freikirche. Plötzlich fühlte ich mich so viel mehr als Teil dieses Nationalfeiertags!

Kurz: Wir hatten das bis dato erfolgreichste 4. Juli Eiscreme-Fest in der Museumsgeschichte. Nicht nur blieb es heiß. Die Terrasse mit ihrem Zelt, Stühlen und Tischen war voller Menschen. Selbst der Museumsrasen wurde Teil des Events. Leute kamen in fantasievollen Kostümen – eine Dame war als Lady Liberty gekleidet! Die Schlangen reichten um den Block, obwohl meine Eiscreme-Teams Tickets verkauften, Eisportionen schabten, Sundaes dekorierten und Rootbeer-Floats füllten, als hinge ihr Leben davon ab. Den ganzen Tag kamen weitere Leute, die bei Bedarf freiwillig helfen wollten, Leute, von denen ich wusste, ich könnte mich auf sie verlassen. Der Umzug führte am Museum vorbei, und ich konnte von meinem Koordinationsposten nur ein paar Eindrücke erhaschen. Ich wurstelte zehn Stunden lang auf dem Gelände, ohne, dass es mir bewusst geworden wäre. Nicht ein Gesundheitsinspektor tauchte auf, aber – oh! – meine Teams waren eisern im Einhalten der Regeln. Und eine halbe Stunde vor Schluss hatten wir Eiscreme und Rootbeer komplett ausverkauft.

Erst Stunden später – nachdem ich beim Abräumen geholfen, die Bücher geführt, Abendessen bereitet hatte und zum Hafen hinuntergelaufen war, um das Feuerwerk zu sehen – merkte ich, dass ich etwas Wesentliches an jenem

Independence Day verpasst hatte. Im Strahl der Raketen, die in der Luft zerbarsten und das glatte Wasser des Sunds mit ihren brillanten Spiegelungen färbten, wurde mir bewusst, dass ich selbst nicht *eine* Kugel Eis gehabt hatte!

Mais

Zum ersten Mal habe ich Mais in den 70ern gegessen – aus einem Glas Mixed Pickles. Ich liebte ihn. Das war zu etwa derselben Zeit, als wir Nachbarskinder als Siebenjährige in das Maisfeld eines Bauern drangen und uns zu Maiskolben verhalfen. Die mochte ich auch – roh! Damals gab es keinen frischen Mais in deutschen Supermärkten. Ich bin mir nicht einmal sicher, ob es die Idee von Popcorn vor den 1970ern in deutsche Kinos und auf Jahrmärkte geschafft hatte. Die Deutschen aßen einfach keinen Mais. Er wurde erst mit und bei meiner Generation beliebt. Und das mit gutem Grund.

Vielleicht kennen Sie ein paar Deutsche der Generation, die während des Zweiten Weltkriegs aufwuchs. Fragen Sie sie, ob sie gern Mais essen. Wenn sie „nein" sagen, ist das ziemlich symptomatisch. Mais galt in Deutschland ausschließlich als Viehfutter. Deutsche wuchsen mit Roggen und Weizen auf, mit Gerste und Hafer.

Der Zweite Weltkrieg hatte Deutschland ziemlich zunichtegemacht. Die Menschen hatten kein Zuhause mehr, und die Ernten waren verloren. Kartoffelkäferplagen und harsches Wetter (heiße Sommer und eisige Winter) machten die ersten Nachkriegsjahre zum Überlebenskampf. Ohne internationale Hilfsorganisationen und die Hoover-Speisung wären Millionen verhungert.

Um etwa diese Zeit wurde Mais auf den deutschen Speiseplan eingeführt. Der Legende nach wurden die Deutschen (wer genau?!) gefragt (von wem genau?!), was sie am meisten benötigten (alles!), und dass ein Übersetzer das deutsche Wort „Korn", also Getreide, als „corn" fehlübersetzte. Also wurde massenhaft Mais importiert, und plötzlich hatten die Deutschen eine Ernährung die um so viel süßer war, als woran sie gewöhnt waren: Maismehl, Maisgries, Maisbrot. Es gab keine Butter für die Kolben oder Marmelade auf einen Maiskuchen. Vielleicht fühlte sich mancher zusätzlich gedemütigt, weil ihm „Schweinefutter" gegeben wurde. Wie auch immer – selbst wenn man sein Lieblingsgericht 365 Tage im Jahr scheinbar endlose Jahre lang isst (ich vermute, die Maisdiät verschwand nach den ersten besseren Ernten), würde man eine Art Ekel selbst für dieses Lieblingsgericht entwickeln. Man würde es nie wieder schmecken wollen. Um wieviel weniger ein Produkt, das einem gegen den Strich geht?! Selbst wenn Sie es in den besten Zeiten serviert bekämen, müssten Sie sich doch an den schlimmsten Ort erinnern, an dem Sie je gewesen sind: als Sie völlig hilflos und verwundbar waren. Deshalb mögen manche Ihrer deutschen Freunde, die vor 1945 geboren wurden, weder Maiskolben noch Mais-Muffins noch Maisbrot noch irgendetwas anderes mit Mais.

Als Kind war ich mir dessen nicht bewusst. Während meines ersten USA-Aufenthalts als Teenager kostete ich meinen ersten Maiskolben mit Butter, Salz und Pfeffer, und ich kehrte mit begeisterten Berichten darüber nach Hause zurück und mit dem Wunsch, es mit meiner Familie auszuprobieren. Damals erfuhr ich zum ersten Mal von der Mais-Aversion meines Vaters. Als mein Bruder zwei Jahre später von seinem

USA-Aufenthalt zurückkehrte, war auch er völlig begeistert von Maiskolben. Wir aßen mehr als genug Mais aus Dosen nach der ukrainischen Nuklearkatastrophe von Tschernobyl im Jahr 1986. Meine Mutter kaufte weder in jenem Jahr noch in dem darauf folgenden irgendwelche frischen Agrarprodukte aus Sorge, ihre Familie mit verseuchten Gerichten zu ernähren. Ich mag immer noch Mais-und-Kidneybohnen-Salat mit einer Zwiebelvinaigrette, die eine unserer Hauptbeilagen während dieser zwei Jahre war. Es wurde clever abgewechselt und war bei weitem nicht das einzige Dosengemüse, das wir erhielten.

Heute bereite ich Mais immer als Gemüse zu. Ich bin jedoch so gar kein Freund des süßen Geschmacks von Maiskuchen und Maisbrot. Vielleicht ist das mein deutsches Nahrungserbe – was mir in den Genen liegt. Mein Mann und ich haben sogar im Frühjahr in einem Hochbeet Mais gepflanzt und warten nun gespannt, ob die hohen Strünke des bunten Mais auch Kolben hervorbringen.

Ich bin dankbar, dass ich nichts, was ich hätte gern essen mögen, je im Leben habe essen müssen, um nicht zu verhungern. Ich bin dankbar, dass ich nie etwas habe jahrelang essen müssen, das ich hasste. Ich bin dankbar, dass ich nie im Leben in Gefahr gewesen bin zu verhungern. Punktum. Aber immer, wenn ich Maiskolben esse, denke ich an meine Familienmitglieder und Freunde, die eine Katastrophe überlebten wegen dieser unglaublich vielseitigen Pflanze.

Kürbis

Hätte mir jemand vor 25 Jahren erzählt, dass ich ein begeisterter Kürbis-Liebhaber werden würde und es jeden Herbst nicht würde abwarten können, bis eine bestimmte Sorte auf den Markt komme, hätte ich ihm ins Gesicht gelacht. Denn weil Deutsche nicht zwischen „Pumpkin" und „Squash" differenzieren, sondern den Begriff „Kürbis" für beides benutzen, glaubte ich, alle schmeckten so ziemlich gleich. Und da meine erste Begegnung der süß-sauren Art war, die ich als Vierjährige absolut nicht mochte, bewunderte ich lediglich das Aussehen der Früchte an sich.

Der große Wandel kam, als ich während meines Berufslebens meine erste Kostprobe einer Kürbissuppe bekam (die vermutlich aus einem „Squash" bereitet worden war) mit einer Schlagsahnehaube und gerösteten Kürbiskernen. Ich musste das Gericht einfach nachbauen. Ich wusste, eine Kollegin von mir hatte ein Rezept – und sie machte mich mit dem Uchiki Kuri bekannt. Da dies der meistverbreitete Winterkürbis in Deutschland ist, hatte ich kein Problem, einen zu finden. Und dann begann ich zu experimentieren.

Wechsel nach Übersee. Im ersten Herbst hier suchte ich vergeblich nach einem Uchiki Kuri. Ich durchkämmte Supermärkte aller Klassen – nichts. Ich fand Butternuss und Blue Hubbard, Spaghetti-Kürbis und Zuckerkürbisse, aber keinen meiner geliebten Hokkaidos. Ich war enttäuscht. Ich hatte erwartet, dass er in einer Region mit so vielen asiatischen

Bewohnern reichlich vorhanden sei. Aber vielleicht gehörte der Hokkaido Squash auch gar nicht zur asiatischen Küche?

Ich suchte im folgenden Jahr weiter. Und dann, im Jahr darauf, fand ich ein paar in einem Supermarkt in Lakewood Towne Center. Ich muss an jenem Tag während meines gesamten Einkaufs übers ganze Gesicht gestrahlt haben. Ich kaufte nicht nur einen, ich kaufte drei, nur um sicherzugehen, dass mein Herbst auf der kulinarischen Seite perfekt sein würde. Ich kaufte auch einige Zierkürbisse, nur weil mich der Fund meiner essbaren so glücklich gemacht hatte.

Meine Suche begann erneut, nachdem derselbe Supermarkt Towne Center verließ und mit ihm so viele kulinarische Optionen, die andere ringsum einfach nicht anboten. Es war entmutigend. Umso mehr, als so wenige Verkäufer je von diesem Kürbis unter auch nur einem seiner drei Namen gehört hatten. Nicht einmal die Kürbisfarmen in der Gegend verkauften ihn. Stattdessen kaufte ich ein paar andere Sorten Winterkürbis. Ich mochte Butternuss und Delicata, wurde aber nie ein Freund von Karneval- oder Turban-Kürbis. Im ganzen Jahr fand ich Uchiki Kuri nur in einem regionalen Supermarkt in Seattle.

Inzwischen fahre ich bestimmte Supermärkte in Proctor oder einen in University Place an, um meinen Anteil Hokkaido-Kürbisse im Herbst zu sichern. Und dann bereite ich fast vier Kilo Kürbis-Püree zum Einfrieren zu. Und ich röste Scheiben nur mit etwas Olivenöl, ein paar Kräutern, Salz und Pfeffer. Und ich koche Suppe. Da man die leuchtend rote Schale der Kuri-Kürbisse essen kann, erhält das Gericht eine leuchtend orange Farbe. Mein Küchentipp: ein bisschen Hühnerbouillon, Weißwein, einen Tupfer saure Sahne und gehackte Pistazien hinzufügen. Glauben Sie mir, die Suppe ist ein Familienfavorit geworden und seither fest auf unserem Herbst-Speiseplan daheim.

Achja, Herbst und Winter kommen bald! Ich werde wieder nach meinem wunderbaren Uchiki Kuri „jagen". Natürlich werde ich außerdem Butternuss- und Spaghetti-Kürbis genießen. Ich werde zu gern Kürbisse in Hofläden inspizieren oder an den farbenprächtigen Feldern zwischen hier und dem Mt. Rainier vorbeifahren. Denn der Herbst gewinnt Farbe mit diesen wunderschönen, vielseitigen Kürbisfrüchten. Ich kann mir den Herbst ohne Zierkürbisse zu Hause nicht mehr vorstellen. Oder ohne einen geschnitzten Kürbis vor der Haustür. Aber der beste wird immer dieser schwer erhältliche sein, der in meiner deutschen Vergangenheit so leicht zu bekommen war und hier so wenig bekannte Spezies zu sein scheint. – Wenn Sie irgendwo zufällig einen sehen, tun Sie sich den Gefallen und versuchen Sie ihn!

Christstollen

Zurzeit dürften die Läden in dieser Gegend, die deutsche Weihnachtsspezialitäten geführt haben, so ziemlich ausverkauft sein, vermute ich. Eine der traditionsreichsten Backwaren – und ich muss zugeben, ganz sicher nicht meine liebste – ist Christstollen. Aber das ist so, weil ich generell keinen süßen Hefeteig mag. Warum schreibe ich also einen Artikel darüber? Weil er eben solche Tradition hat und weil die Geschichte dahinter eine besondere ist.

Christstollen ist ein typisches Fastengericht, das ursprünglich nur Hefe, Mehl, Öl und Wasser enthielt. Er ist schwer; er ist wie ein Holzscheit geformt; weshalb man ihn in Deutschland vermutlich überhaupt „Stollen" genannt haben mag. Das Wort kommt etymologisch von einem Wort für Pfosten oder Strebe. Und sein Geschmack muss bei seiner Erfindung fürchterlich fad gewesen sein. Dennoch wurde er während der Adventszeit des 15. Jahrhunderts zum Grundnahrungsmittel.

Die Zutaten dafür klingen einfach genug. Tatsächlich aber war Öl in manchen Regionen nur schwer erhältlich, und im deutschen Herzogtum Sachsen war Öl teurer und seltener als Butter. Aber Butter ist sicher kein Fastenprodukt. Deshalb ersuchte der Herzog von Sachsen den Papst, sächsische Bäcker Butter für Stollen verwenden zu lassen anstelle von Öl. Das erste dieser Gesuche wurde 1450 abgelehnt. Fünf Päpste und vier Jahrzehnte später erkannte ein weiser Papst in dem Gesuch eine Einnahmequelle und gewährte 1490 die Verwendung von

Butter, forderte aber von den Bäckern eine jährliche Abgabe, die beim Bau einer Kirche helfen sollte. Ich vermute, dass diese Steuer stattdessen die Anliegen des Protestantismus gefördert hat. Sie wurde abgeschafft, als Sachsen lutherisch wurde. Und Butter blieb eine der Grundzutaten des Stollens.

Heute finden wir alle möglichen Stollen mit kandierten Früchten, Rum, Marzipan, Gewürzen, Rosinen und/oder Mandeln. Der schwere Block wird mit Butter bepinselt und mit Puderzucker bestreut. Der bekannteste Stollen, auch als Striezel bekannt, stammt aus der deutschen Stadt Dresden, wo selbst der Weihnachtsmarkt nach ihm benannt ist. Er wird in aller Herren Länder exportiert, und wenn Sie in Ihrem Supermarkt und deutschen Delikatessgeschäft nachschauen, haben Sie vielleicht Glück und finden noch einen.

Viele deutsche Haushalte backen diese Laibe selbst. Meist werden sie wochenlang gelagert, bevor sie gegessen werden dürfen. Das hat in meiner Familie nie funktioniert; frisch aus dem Ofen war der Stollen so beliebt, dass er meistens innerhalb einer Woche vertilgt war. Meine Mutter musste oft noch bis zum 6. Januar Christstollen backen, weil er so beliebt war. Nicht bei mir, wie schon bemerkt, aber ich hatte immer eine Anstandsscheibe, um mich in die richtige Adventsstimmung zu versetzen. Danach knabberte ich dann glücklich an Lebkuchen oder anderen typischen Delikatessen mit weniger Fastencharakter.

Sie haben Recht mit der Vermutung, dass ich in meinem Haushalt die Tradition des Christstollen-Backens nie beibehalten habe. Dennoch, wenn ich den ersten Christstollen in den Regalen örtlicher Geschäfte sehe, fühle ich, wie diese alte Nostalgie über mich schwappt. Und dann bin ich beinahe versucht, mir nur einen der kleineren Laibe zu kaufen … Beinahe.

Dies und Das

Freunde

Auswandern bedeutet, eine Menge Wurzeln zu kappen. Es knickt die Karriere und trifft Familie und Freunde tief. Der Wechsel von einem sozialen Leben im gewohnten Umfeld zu zunächst gar keinem im neuen ist eine natürliche Gegebenheit. Aber es ist auch eine Gelegenheit, sich von Menschen zu trennen, die in der Vergangenheit keine so guten Freunde waren, und sogar Menschen, die man glaubte verloren zu haben, wieder in sein Leben zurückzuholen. Es ist eine turbulente Situation für alle Seiten.

Zuerst zog meine Auswanderung eine Welle von Menschen in Deutschland an, weil sie einfach Neugier hinsichtlich mein neuen Lebenskapitels verspürten. Vielleicht hegten sie die leise Hoffnung, eines Tages Gratisurlaub in den USA zu machen. Nun, niemand dieser so plötzlich interessierten Leute blieb mit mir länger als ein halbes Jahr nach meiner Abreise in Kontakt. Es war ihnen offensichtlich zu mühsam, Emails oder Briefe zu schreiben. Und nachdem sich mein Leben von einer beruflichen Karriere in eines voll Ehrenämtern, Hausfrauenarbeit und Romanschreiben wandelte, verloren sie das Interesse ganz.

Ich habe auch einige meiner ehemaligen Langzeitfreunde verloren. In ihren Augen hatte ich mich so sehr verändert, dass sie mich nicht mehr verstanden. Vermutlich hatten sie mir nie wirklich zugehört oder geglaubt, wenn ich ihnen sagte, ich sei glücklich, wohin mich mein Leben verschlage. Plötzlich konzentrierte diese einstige Singlefrau ihr

Leben auf einen Partner, der ihr Mann geworden war. Ich würde meine Karriere hinter mir lassen, ich würde sie einfach verlassen, und die Reise ging ganz weit weg mit einem Einfachticket! Sie standen nicht mehr im Zentrum meiner Pläne – wie egoistisch von mir! Diese Menschen stiegen meist mit einem bitteren Beigeschmack aus.

Aber ich habe auch eine Menge alter Freunde behalten. Dank Internet haben wir immer noch in Echtzeit Kontakt, auch wenn uns eine halbe Welt trennt. Soziale Medien haben mich in Verbindung mit meinen ältesten Freunden bleiben lassen und mir eine Menge ganz neuer eingebracht. Sie akzeptieren einfach, wer ich bin, und ich weiß und hoffe, der eine oder andere kommt tatsächlich eines Tages einmal herüber. Tatsächlich haben es ein paar schon gemacht – um sicherzugehen, dass es mir gut geht, um mich zu überraschen, um mit mir zu feiern.

Aber was ist mit Freunden hier? Als ich in mein neues Zuhause kam und mein neues Leben in Angriff nahm, wusste kaum jemand von meiner Ankunft. Mein Mann hatte Nachtschichten gearbeitet, bis ich zu ihm stieß. Daher kannte uns kaum jemand in unserem, kleinen Ort. Wenn ich nicht einsam verschimmeln wollte, mussten wir den Anfang machen.

Es stimmt, dass sich Gelegenheiten ergeben, wenn man sie am wenigsten erwartet. Für mich kam eine in Form eines Türhängers von unserer örtlichen Museumsgesellschaft, und ich packte sie beim Schopf. Wir traten ihr als Mitglieder bei und meldeten uns für Ehrenämter. Und siehe da! – meine einsamen Tage waren vorüber. Ein paar Wochen später wurde ich eingeladen, einem Museumsausschuss beizutreten, und von da ab ging's in Windeseile weiter. Ich wurde Museumsführerin, arbeitete mit beim jährlichen Apfelpress-Fest, half bei einer Back-Party, sang in einem Weihnachtschor mit – was auch immer. Ein winziger Schritt trat eine Lawine an Ereignissen und die Begegnung mit neuen Menschen los. Nach nicht einmal einem halben Jahr begannen die Menschen im Ort mich zu erkennen, plauderten mit mir über den Gartenzaun, luden mich zu sich nach Hause ein, erzählten mir Geschichten aus ihrem Leben und Ortsgeschichte. Mein neuer Lebensstil – so ganz anders als mein alter – hat mir erlaubt, Menschen auf einer ganz privaten, nicht beruflich begründeten, und persönlichen Ebene kennenzulernen.

Es ist nun fast neun Jahre her, dass ich erstmals in den Pacific Northwest kam, und ich habe eine erstaunliche Zahl an wundervollen Freundschaften und Bekanntschaften geschlossen. Soziale Medien verknüpfen sogar einige meiner alten Freunde mit meinen neuen, obwohl sie einander wohl niemals begegnen werden. Natürlich dauert es eine Weile, neue Freundschaften zu schließen. Es ist egal, ob man in seinem Geburtsland nur in einen anderen Ort zieht oder als Auswanderer in eine völlig neue Welt. Mir gefällt der Gedanke, dass eines Tages all diese neuen Freundschaften ebenfalls alte Freundschaften sein werden. Und dass der Ort, der mir mitunter immer noch irgendwie neu ist, bereits ein weiteres Zuhause geworden ist.

Heimweh

„Hast Du nicht Heimweh? Was an Deutschland vermisst Du am meisten?"

Das sind vermutlich die Fragen, die mir am häufigsten gestellt worden sind, seitdem ich hierher kam. Und ich fühle mich fast wie ein Verräter, wenn ich mit „nein" und „nichts" antworte. Im Zeitalter der Kommunikation mit Lichtgeschwindigkeit und weltweiten Importen/Exporten kann man sich mit ein bisschen Fantasie und Improvisation vormachen, jederzeit überall zu sein, wenn man das möchte. Ich bin einfach glücklich, wo ich bin.

Menschen erzählen mir von den deutschen Restaurants in der Gegend – es ist vermutlich eine sehr exotische und nette Erfahrung für sie. Was mich angeht – ich kann authentisch deutsch kochen und bin außerdem eine sehr experimentierfreudige Köchin. Ich muss also nicht um eines Schnitzels willen ausgehen. Ich esse es hier, daheim, wann immer ich mir eines braten möchte.

Vielleicht vermisse ich eher die über 1.500 deutschen Aufschnittsorten und die über 300 deutschen Brotsorten, obwohl ich das Glück habe, fast um die Ecke eines wunderbaren deutschen Spezialitätengeschäfts zu wohnen, das eine gute Auswahl von beidem anbietet. Ich wünschte nur, diese Vielfalt wäre weiterverbreitet. Die Aufschnitt-Theke eines deutschen Tante-Emma-Ladens oder Metzgers präsentiert auf einem halben Quadratmeter mehr als die meisten Gänge eines US-Supermarkts, fürchte ich. Und die übersüßte, schwammige

Qualität der meisten amerikanischen Brotsorten ist für meinen deutschen Gaumen immer noch unerfreulich. Aber ich muss sagen, dass sich seit meiner Ankunft vor sieben Jahren viel geändert hat und die Auswahl in den Brotregalen und Fleischtheken größer geworden ist.

Abgesehen davon – ich bin inzwischen an eine Waschmaschine mit Spindel statt rotierender Trommel gewöhnt. Ich habe einen Staubsauger europäischen Stils gefunden, den ich nicht ausputzen muss, wobei ich staubiger enden würde als sein Innenleben. Ich habe gelernt, Stecker so zu verbiegen, dass sie nicht aus der Steckdose fallen. Und ich habe mich an den Washingtoner Freiluft-Lebensstil angepasst und die meisten meiner hochhackigen Schuhe aus meinem früheren deutschen Stadtleben zugunsten von Turnschuhen und Flip-Flops ausrangiert.

Was vermisse ich? Hätten *Sie* Heimweh im Paradies? Ich bin aus Liebe und aus eigenem freiem Willen hierhergekommen, um hier den Rest meines Lebens an der Seite meines wundervollen Ehemanns zu verbringen. Mir fehlt nichts, und je älter ich werde, desto einfacher und abstrakter werden meine Bedürfnisse und Wünsche. Abgesehen von der Deckung aller Grundbedürfnisse in West-Washington bietet der Staat die unglaublichste Naturvielfalt mit Prärien, alpinen Bergen, Inseln, und Nationalparks an. Es gibt ein reiches Kulturangebot – man muss nur auswählen. Es gibt öffentliche Büchereien mit Nahrung für Herz und Hirn – und man muss nicht einmal dafür bezahlen im Gegensatz zu Deutschland.

235

So viele Menschen hier sagen, sie lieben Deutschland, sobald sie hören, das sei mein Geburtsland. Sie erzählen mir von ihren wundervollen Erfahrungen dort. Sie sprechen sogar Deutsch mit mir. Aber jetzt bin *ich* dran *Ihr* Land zu erfahren. Ich gebe mich dem mit allen Sinnen hin. Jeden Tag bin ich am Ende von Glück überwältigt. Ich finde, dass die Menschen hier (entgegen dem Klischee über Western Washingtoner) freundlich, warmherzig und weltoffen sind. Sie widmen sich allen möglichen Ehrenämtern. Sie sind sich der fantastischen Landschaft, in der sie leben, bewusst und schätzen sie.

Dem Klischee nach passen sich Deutsche stets zu 150 Prozent an. Vielleicht ist das deshalb so, weil so viele Deutsche meist alles, was sie tun, mit 150-prozentiger Hingabe tun. Das hat uns zu einer der führenden Wirtschaftsmächte in Europa gemacht. Das hat uns zu einer „Nation der Dichter und Denker" gemacht, zu einer Nation der Erfinder. Das hat uns zum Weltmeister im Reisen gemacht. Das hat uns zu einer Nation mit der höchsten Auswanderungsrate in Europa während der vergangenen beiden Jahrzehnte gemacht – vielleicht, weil wir stets denken, woanders seien die Möglichkeiten zu 150 Prozent besser.

Lassen Sie mich noch einmal feststellen: Ich bin der Liebe wegen in die USA gekommen, nicht weil ich zu wenig Möglichkeiten gehabt hätte, wo ich geboren wurde, aufgewachsen bin und fast 42 Jahre lang gelebt habe. Nein, ich habe kein Heimweh. Nein, ich vermisse nichts. Und ja, ich habe zu 150 Prozent beschlossen, es nie so weit kommen zu lassen.

Glockengeläut

Kürzlich kamen mein Mann und ich an einem russischen Speisen- und Kunsthandwerksbasar in einer orthodoxen Kathedrale in Seattle vorbei. Über einer Schale Borschtsch und einer dampfenden mit würzigem Rindfleisch gefüllten Pirogge verschluckte ich mich plötzlich. Über uns erklang deutlich das Läuten nicht nur einer, nein, mehrerer Kirchenglocken. Für einen Europäer wie mich ist das ein Klang von zu Hause.

Grundsätzlich kann ich mir Deutschland ohne den täglichen Klang von Glocken nicht vorstellen. Die Rathäuser dort haben auch Glocken, spielen aber meist Volkslieder und andere weltliche Stücke (und in meinen Ohren meist schmerzhaft verstimmt). Kirchenglocken sind etwas ganz Anderes – und sie waren so ziemlich das Erste, was ich hier nach meiner Ankunft vermisste.

Sonntage hier klingen meist wie der Alltag. Drüben in Deutschland sind sie besonders. Die meisten deutschen Städte, außer Kurorten, haben strikte Öffnungs- und Schließungszeiten für Geschäfte. Sonntage sind sehr, sehr still, weil fast alles geschlossen ist. Lautstarke Aktivitäten wie Rasenmähen sind verboten. Selbst die Agrarwirtschaft versucht, die Sonntagsruhe einzuhalten, solange sie nicht arbeitet, um die Ernte nicht zu gefährden. Stellen Sie sich daher die Wirkung auch nur einer einzigen Kirchenglocke vor! Eine halbe Stunde vor Gottesdienstbeginn hört man das Vorläuten, das für gewöhnlich von einer kleineren Zahl Glocken im Kirchturm ausgeführt wird. Fünf Minuten vor Gottesdienstbeginn hört man das volle Geläut der Glocken. Und nicht nur von einer Kirche. Sondern von allen Kirchen ringsum, die ihren Gottesdienst zur selben Zeit beginnen. Es ist ein Fest an reichen Tönen, nicht wie das Läuten von Big Ben, sondern weit insistierender. Eine einzelne Glocke setzt immer nach der ersten Zeile des Vaterunsers während des Gottesdienstes ein.

Ich habe fast mein ganzes Leben lang in Hörweite von Kirchen in der Nachbarschaft gelebt. Es hat mich nie gestört. Auch nicht die viertelstündlichen und stündlichen Schläge, die eine aus dem Mittelalter stammende Tradition sind (damals dienten Glocken auch als Warnung vor Feuer, Pest oder drohendem Krieg). Nach einer Weile ist man das Glockenläuten einfach so gewöhnt, dass man es nicht einmal mehr hört. Aber man vermisst es sofort, sobald etwas repariert wird.

Deutsche Wochenmärkte beginnen oft unter dem Geläut einer Glocke und schließen ein paar Stunden später wieder darunter. Mittag wird durch ein volles Geläut gekennzeichnet – ursprünglich die Mittagsrast für Bauern und Handwerker. Man weiß, dass jemand am selben Tag einen Gedenkgottesdienst auf dem Friedhof hat, wenn am Morgen die Friedhofsglocke läutet. Samstagnachmittags-Geläut bedeutet, dass jemand in der Kirche getraut wird. Gebetsglocken um sechs Uhr abends waren lange Zeit das Zeichen für Kinder, zum Abendessen nach Hause zu gehen (ich habe meine Zweifel, dass das noch so ist). Das volle Geläut am Samstagabend läutet den Sonntag ein.

Kirchenglocken haben europäisches Leben jahrhundertelang unterteilt. Sie wurden für Botschaften, Feiern, Warnungen und Trauer verwendet. Die meisten Deutschen dürften sich ihrer Bedeutung nicht mehr bewusst sein, weil unsere Welt immer weltlicher und/oder multikultureller wird. Kirchenglocken dienen weltlichen wie religiösen Zwecken.

Übrigens ist einer der berührendsten und fast überwältigenden Momente der kurz nach Silvester-Mitternacht. Nach dem Stundenschlag bricht jede einzelne Glocke in jeder einzelnen Kapelle, Kirche und Kathedrale bundesweit in ein unglaublich frohes und festliches Läuten aus, um das neue Jahr zu begrüßen. Es ist egal, ob man das als weltliches oder kirchliches Symbol deutet.

Als ich das silberne Geläut der Glocken der Saint Spiridon Orthodox Cathedral in Seattle an jenem Nachmittag hörte, war es wie ein Gruß aus meiner Vergangenheit. Einen Augenblick hörte ich auf zu kauen und lauschte nur. Dann übertönten es wieder das Klirren von Löffeln gegen Porzellanschalen und das Summen leiser Unterhaltung. Der Moment war vorüber. Aber die Erinnerung hallt nach.

Wohnungswechsel

Heiraten ist einfach, verheiratet bleiben Arbeit. Zumindest sehen das eine ganze Menge Leute so. Lassen Sie sich's gesagt sein – selbst heiraten ist nicht immer einfach, besonders wenn man jemanden einer anderen Nationalität heiratet und diese Nationalität selbst annehmen möchte. Vor fast neun Jahren wollte ich als gebürtige Deutsche einen US-Bürger außerhalb seines Landes heiraten; nicht einmal in dem Land, in dem er damals arbeitete, sondern auf meinem eigenen Boden.

Achja, Romantik! Ich hatte endlich meinen Ritter in schimmernder Rüstung gefunden nach zwei Jahrzehnten, in denen Nachbarn, Freunde und Großtanten mich gefragt hatten: „Willst du denn nicht heiraten?" Und hier, an der Schwelle zu fast 40, gab ich endlich bekannt, was vermutlich schon keiner mehr erwartet hatte: „Ich bin verlobt." Gewiss, das war der einfachste Teil. Es war der romantische, unterhaltsame und Gänsehaut verursachende Teil. Was dann kam, war der Sprung in einen Dschungel an auszufüllenden Formularen und Dingen, die getan werden mussten.

Mein offizielles Leben an der Seite meines amerikanischen künftigen Ehemanns begann bald nach der Bekanntmachung. Ich hatte keine Ahnung, dass der Kommandant meines künftigen Mannes Papiere unterzeichnen musste, die es meinem Verlobten erlaubten, mich zu heiraten. Hätte ich das damals gewusst, hätte ich vermutlich völlig verkrampft auf dem Ball dagesessen, bei dem ich ihm vorgestellt wurde.

Das war nur der Beginn des Papierkriegs. Nach US-medizinischer Untersuchung und jener Heiratserlaubnis lernte ich die deutsche Seite des Papierkriegs kennen. Hatte ich geglaubt, es werde einfach? Wir brauchten drei Monate, um alle Papiere meines Mannes aus den USA zu erhalten – und erst dann konnte uns die Standesbeamtin in meiner kleinen Stadt einen Hochzeitstermin zuteilen. Der lag nur einen Monat, bevor mein Mann in die USA würde zurückkehren müssen. Inzwischen begannen wir, alle Antragsformulare für ein Ehepartnervisum für mich auszufüllen.

Unser Hochzeitstag war perfekt. Ich hatte es sogar geschafft, nach der zweisprachigen standesamtlichen Trauung zwei Pfarrer für die kirchliche Zeremonie zu finden, einen deutschen, einen amerikanischen. Aber der Formalitäten-Dschungel ließ uns nur diese kurze Atempause.

Wir mussten genau ein Jahr lang Formulare ausfüllen, auf weitere Anweisungen warten und auf einen weiteren Schritt vorwärts. Inzwischen lebten wir getrennt, mein Mann hier in Washington State, ich immer noch mit meinem Beruf in einem Verlagshaus in Süddeutschland. Wir riefen einander täglich an. Es gab Zeiten, in denen wir beruflich unterwegs waren und wir unseren Telefonplan umstellen mussten. Es war eine Zeit der Romantik, und wir kämpften gegen die Ungeduld. Ich durfte ihn nicht in den USA besuchen; er schaffte es nur für ein paar

Tage über Weihnachten nach Deutschland. Das war unser erstes Ehejahr.

Ich erhielt mein Visum an unserem ersten Hochzeitstag. Es war kein eindeutiger Triumph. Es bedeutete, dass ich meinen Umzug organisieren und meine ganze bisherige Existenz aufgeben musste. Es war stressig, bittersüß, anstrengend, beschwingend, surreal.

An wen erinnere ich mich in meinem Kampf mit den Formularen am besten? An die US-Konsulatsbeamtin in Frankfurt, die mir zuzwinkerte und sagte „You'll be fine", obwohl sie mir den Ausgang meines Visumsinterviews nicht sofort mitteilen durfte? An den Einwanderungsbeamten, der meinen Namen von einer Galerie in SeaTac Airport herabrief, um mir meine Papiere zur unteren Gepäckabholung zuzuwerfen, da er vergessen hatte, sie mir ein paar Minuten vorher an der Sperre auszuhändigen? Das Lächeln des Zollbeamten „You're fine", nachdem er jeden vor mir sein Gepäck hatte auspacken lassen, mich aber durchwinkte?

Woran ich mich am besten erinnere, ist die Hilfsbereitschaft aller Behördenangestellten, deutscher wie amerikanischer. Sie sind normalerweise gefürchtet. Sie haben den Ruf, streng und unfreundlich zu sein. Das sind sie nicht. Sie sind so freundlich, wie man auf sie zugeht. Sie sind hilfsbereit, sobald man signalisiert, dass man sich hilflos fühlt. Sie teilen ein Lächeln, sie reißen Witze. Sie lassen sogar Papiere durch die Luft segeln, wenn das dem Vorgang hilft.

Ich fand endlich nach einem harten Jahr der Trennung in die Arme meines Mannes. Wir waren einigen wunderbaren Menschen auf diesem steinigen Pfad begegnet, wo wir sie nicht erwartet hätten. Heute teilen wir Erinnerungen des Einander-Tröstens und -Ermutigens, die uns sogar noch enger zusammenbringen.

Mit dem Einkaufswagen unterwegs

„Wo hättest du gern unser neues Zuhause?" fragte mich mein Mann übers Telefon. Wir waren durch seine Rückberufung in die Vereinigten Staaten getrennt, und ich wartete in Deutschland noch immer auf mein Visum. Ich hatte die Ahnung, dass ich nicht gleich nach meiner Ankunft in den USA einen Job bekommen würde. Und ich würde dann kein Auto brauchen, außer für meine wöchentlichen Einkäufe. Dessen war ich mir todsicher.

„Nun", entschied ich, „entweder in der Nähe eines Supermarkts oder einer Bushaltestelle."

„Welches wäre dir lieber?"

„Die Busstrecke, denn das macht mich flexibler."

Ich gelangte endlich fast ein Jahr nach diesem Anruf in die Vereinigten Staaten. Mein Mann hatte ein hübsches Haus nahe einer Busstrecke gefunden. Die Bushaltestellen waren nahe genug unterhalb gelegen, aber ich würde meine Einkäufe immer noch bergauf befördern müssen. Beim ersten Mal zog ich mit Baumwolltaschen und einem Rucksack los. Etwas später am selben Tag schleppte ich mich mit meinen Einkäufen bergauf, und ich fühlte mich, als würden meine Arme aus den Schultern gezogen.

Fast zwei Monate nach meiner Ankunft wurde mein Umzugscontainer geliefert und mit ihm ein Hochzeitsgeschenk, das das Einkaufen so erleichtern würde: ein brandneues Gefährt, das mein Bruder „den Porsche unter den Einkaufswagen" nannte. Es hatte große Gummireifen und einen blauen wasserdichten Stoffmantel. Selbst ein Kühlgut-Bereich war im Design inbegriffen. Das war offensichtlich das neuste in Deutschland erhältliche Modell – und außerdem recht auffällig.

Das Ding zur Bushaltestelle zu ziehen, war einfach genug. Aber im Bus war es schwierig, Platz genug zu finden. Entweder blieb es mit einem seiner Raeder im Gang hängen, oder ich musste auf den für Behinderte reservierten Plätzen sitzen. Allein seine Breite machte es unmöglich, es den Gang entlang zu rollen, sodass ich es in den geräumigeren hinteren Teil heben musste. Mit Einkäufen beladen war das unmöglich.

Natürlich sorgte der Einkaufswagen für reichlich Gesprächsstoff. Jeder fragte mich, woher ich ihn hätte. Und von da war man flugs beim Gespräch über Einkaufsmöglichkeiten, Deutschland, die schöne Umgebung, das Wetter und mehr. Manche hielten den Einkaufswagen auch für einen schicken Koffer. Sie müssen sich gefragt haben, warum ich mit ihm in Läden hineinging.

Es fiel mir dann auf, dass die meisten Einkaufswagen hier zusammenklappbare Drahtkonstruktionen sind, starr und durchsichtig, eher praktisch als eine modische Ansage. Sie sind dazu gedacht, im Bus transportiert zu werden, wenn es sein muss zusammengeklappt vor den Knien in der Sitzreihe.

Schließlich überlegten mein Mann und ich, dass ich später am Nachmittag einkaufen gehen könne, sodass er mich nach der Arbeit abholen könne. In meinem Lieblingssupermarkt – der nun leider samt seiner nachbarschaftlichen Freundlichkeit verschwunden ist – musste man seine Einkaufstaschen, Rucksäcke oder Wagen am Informationstisch lassen, während man einkaufen ging. Natürlich war der große blaue Wagen ein Zeichen für meinen Mann, dass ich im Laden war und noch meine Liste abarbeitete. Aber das mit einem wöchentlichen Lebensmittelvorrat beschwerte Ding in den Wagen zu hieven, hatte ich mir auch nicht für meinen Mann gewünscht.

Meine Unzufriedenheit mit dieser Lösung fiel mit einer weiteren Veränderung zusammen. Unsere Busse wurden damals deutlich schmaler. Selbst Rollstuhl-Passagiere empfanden sie nicht mehr als so geräumig. Umso weniger Platz war für einen Einkaufswagen wie meinen. Ich nutzte immer noch den Bus – es sei denn mein Mann war beruflich unterwegs und überließ mir das Lenkrad. Aber ich gab es auf, den Einkaufswagen mitzunehmen. Ich wurde immer noch von meinem Mann nach dem wöchentlichen Einkauf abgeholt. Jetzt musste er die Gänge nach mir absuchen, da der leuchtendblaue Einkaufswagen nicht mehr am Infotisch geparkt war. Ich machte dennoch mein Umwelt-Statement. Ich brachte zahlreiche eigene Baumwolltaschen zum Einkaufen mit. Sie waren vielleicht nicht die neumodischste Ansage, aber sie ließen sich natürlich einfacher im Auto verstauen.

Jetzt leben wir wieder nahe einer Busstrecke, aber wegen des Verkehrsaufkommens sind die Busse immer etwas unpünktlich. Ziemlich sogar. Ich erwäge es, wieder mit meinem leuchtendblauen Einkaufswagen loszugehen. Aber unsere Gegend hat keine Bürgersteige – somit ist es besonders bei schlechtem Wetter eine Tortur. Ich denke an die Menschen, die nicht einmal die Chance haben zu überlegen, wann ihr Partner sie abholen wird oder wann sie das Auto abwechselnd nutzen können. An jene, die ihre Einkäufe takten, damit sie den nächsten Bus erwischen, weil sie kein Auto besitzen. Wenn ich am Steuer sitze, sehe ich diese Menschen am Straßenrand jetzt mit anderen Augen.

Einbürgerung

Ich wurde als Deutsche geboren und bin jetzt Amerikanerin. Das klingt einfach. Und für mich war es das vermutlich auch im Vergleich dazu, was andere Menschen erfahren. Aber es war nicht so einfach, wie manche Leute denken. Nein, man wird nicht automatisch Amerikaner, wenn man einen Amerikaner heiratet. Das denken ziemlich viele Amerikaner fälschlicherweise. Nein, man ist nicht automatisch Amerikaner, wenn man einen Angehörigen der US-Streitkräfte heiratet. Das macht den Vorgang tatsächlich noch komplizierter. Und nein, es ist nicht einfach, die doppelte Staatsbürgerschaft zu erhalten, weil Geburtsländer nicht immer mit ihren Auswanderern mitziehen.

Am meisten fiel mir auf, welche Wirkung das Auswandern auf die Menschen direkt um einen herum hat, bevor man geht. So sehr sie versuchen, sich mitzufreuen, ist es doch offensichtlich, dass ihr Schmerz manchmal das Mitgefühl mit dem überwiegt, der wegen des nächsten Schritts im Vorgang auf heißen Kohlen sitzt. Sie verstehen nicht, dass das Warten plötzlich aufhören könnte. Freunde von mir waren schockiert, als ich plötzlich den Termin für mein letztes Visums-Interview im US-Konsulat in Frankfurt erhielt. Es war ein Schlag ins Gesicht, dass ich nicht die Runde machte und jeden besuchte, bevor ich mein Geburtsland verließ – denn dazu war schlicht keine Zeit. Nicht dass ich ihnen nicht gesagt hätte, dass das passieren könnte. Sie wollten es nicht glauben, dass es so geschehen könnte.

Während des gesamten Vorgangs von Krankenhausuntersuchungen, Schrift- und Emailwechsel, persönlichem Botschaftstermin, Ankunft bei der Einwanderungsbehörde in SeaTac und meinen ersten Formalitäten hier bin ich tatsächlich nur den freundlichsten, hilfsbereitesten amerikanischen Beamten begegnet. Sie arbeiteten schnell und effizient. Und obwohl es fast ein Jahr nach Ausfüllen des Antrags auf ein Einwanderungsvisum dauerte, bis ich zu meinem Mann kam, war es schneller als der Zeitrahmen, den man mir zu Beginn angegeben hatte. Ich hatte Glück.

Es war mir auch von Anfang an klar, dass ich US-Bürgerin werden wollte. Ich wusste, dass ich eine bestimmte Zeitlang hier würde gelebt haben müssen, um die Einbürgerung beantragen zu können. Und einmal hatte ich mit einer sehr demotivierenden Person zu tun, die mir sagte, ich würde mit meinem ersten Antrag ohnehin scheitern. Diese Dame war übrigens keine Einwanderungsbeamtin, sondern eine militärische Kontaktperson, aber ich hatte sie vermutlich dabei erwischt, als sie gerade zu ihrer Mittagspause unterwegs und ihr Sandwich wichtiger als Kundendienst war.

Eine Zeitlang dachte ich über doppelte Staatsbürgerschaft nach. Aber nachdem ich deutsche Nachrichten gesehen hatte und ich Dokumentationen über Doppelstaatsbürger in Deutschland verfolgt hatte, die meinem Geburtsland gegenüber illoyal waren, war ich überzeugt, dass ich Stellung beziehen müsse. Ich schätze alles, was ich bisher von diesem Land bekommen habe und die wundervollen Menschen, die meinen Weg gekreuzt haben. Ich wollte die Rechte und Pflichten eines vollwertigen Bürgers hier erwerben. Ich plane nicht, wieder in Deutschland zu leben. Meine Loyalitäten liegen jetzt hier. Ich werde meine Wurzeln nicht vergessen, aber ich kultiviere neue hier. Und sie sind schon recht stark.

Die Formulare waren schnell ausgefüllt. Und dann begann ich, für das Einbürgerungs-Interview zu lernen: Geschichte, Soziologie, Politik – 100 Fragen und Antworten. Und ich wartete. Ich will es kurz machen. Die Behörden arbeiteten wieder schnell, und ich erhielt recht rasch eine Einladung zum entscheidenden Interview in Tukwila.

An einem kalten Dezembermorgen 2017 saß ich im Wartebereich im zweiten Stock des USCIS-Gebäudes, der dem Einbürgerungsprozedere vorbehalten ist. Das Interview war in weniger als 30 Minuten vorbei. Meine Befragerin händigte mir Papiere aus und eine Einladung für die Eideszeremonie … noch am selben Nachmittag! Ich erlebte einen Sturm der Gefühle während dieser letzten Stunden vor dem Ereignis, keines davon traurig. Mir war von der Geschwindigkeit, mit der der Prozess zu Ende ging, ein wenig schwindelig.

Und dann saß ich im Auditorium des USCIS-Gebäudes, gemeinsam mit 68 anderen Menschen aus 41 Nationen. Alle möglichen Hautfarben und Bekleidungsstile, alle möglichen Sprachen. Ich saß zwischen einer Dame aus Polen und einer Dame aus Laos. Wir erhoben uns, wie wir aufgerufen wurden, Nation um Nation. Wir sprachen den Eid, wir sangen die Nationalhymne, jetzt *unsere* Nationalhymne, mit Leidenschaft und Tränen in den Augen. Die Größe des Augenblicks berührte mich zutiefst: dass 69 Menschen aus 41 Nationen plötzlich 69 Menschen ein und derselben Nation geworden waren …Es würde uns nie zu einer Familie machen, es würde uns nie in einem Schmelztiegel verschmelzen, aber es machte uns für diese eine Stunde der Festzeremonie zu einer Gemeinschaft. Was bleibt sind ein schönes Zertifikat – und die Erinnerung, dass Einwanderung ein langer, oft schmerzhafter Vorgang, aber auch eine lohnenswerte Erfahrung ist. Die, endlich nach Hause gekommen zu sein.

Schuhe

Nicht jede Frau kauft gern Schuhe. Ich zum Beispiel nicht. Obwohl ich sicher genügend Schuhe passend zu meinen unterschiedlichen Bekleidungsstilen und -Farbschemen besitze. Mir fällt heute besonders auf, wie sich mein Schuhstil verändert hat. Und wie das durch meinen Lebensstil diktiert wurde.

Vielleicht rührt meine Unlust, Schuhe zu kaufen, aus meiner Kindheit her. Sobald ich zur Schule ging, entschied jemand, dass ich spezielle Schuhe für Einlagen brauchte. Meine Eltern, mein Kinderarzt oder ein Orthopäde, sogar die Schuhverkäufer schienen unter einer Decke zu stecken. Daher bekam ich nie die schicken, toll aussehenden Schuhe, die andere Altersgenossen besaßen, sondern Schuhe, die plump aussahen und in scheußlichen Farben geliefert wurden. Als wäre es nicht schlimm genug gewesen, besonders gefertigte Einlagen tragen zu müssen. Einmal heulte ich eine ganze Schuhabteilung zusammen und schwor, ich würde die Schuhe nie tragen, für die sich meine Mutter für mich entschieden hatte. Das Comicheft, das ich an der Kasse bekam, versüßte mir den Kauf überhaupt nicht. Und natürlich musste ich diese hässlichen Schuhe tragen, bis das nächste hässliche Paar fällig war.

Man sollte meinen, dass ich gern Schuhe kaufte, nachdem ich den Einlagen endlich entwachsen war und mein eigenes Geld verdiente. Ich tat's nicht. Da ich Jobs hatte, die Geschäftskleidung erforderlich machten, hatte ich eine Menge Pumps zu schicker Garderobe, die über mein wahres Alter

252

hinwegtäuschte. Ich werde nie ergründen, wie ich Messehallen mitunter acht Stunden lang in Stilettos beging, manchmal fünf Tage hintereinander, Abendveranstaltungen nicht eingerechnet. Irgendwie haben meine Füße diese Tortur überlebt, ohne Hammerzehen daraus entwickelt zu haben. Vielleicht, weil ich begann, über Fuß-Komfort nachzudenken, und er mir in meinen späten Zwanzigern wichtiger als der Look von Schuhen wurde.

Turnschuhe hingegen waren seit meiner Kindheit undenkbar. Sie waren nur für sportliche Aktivitäten gedacht – sowohl in den Augen meiner Eltern als auch später in meinen. Und da ich nicht einmal vorgab, sportlich zu sein, hatte ich nicht ein einziges Paar davon in meinem großstädtischen, gehobenen Schuhschrank.

Auftritt: mein Ehemann. Spielort: Washington State.

Haben Sie je einen steilen Hügel in Stilettos erklommen? Oder sind Sie Straßen ohne Bürgersteig in eleganteren Schuhen entlanggelaufen? Denn das war es, was ich aus meinem Geburtsland mitbrachte, und in diese Situation kam ich, weil ich oft kein Auto zur Verfügung hatte. Die Stilettos wurden bald beiseitegeschoben, und nur noch zu Gelegenheiten benutzt, die Abendkleidung erforderten. Die anderen Schuhe dienten mir gut bei schönem Wetter. Aber wenn es regnet, werden die Seitenstreifen hier oft matschig, und Pfützen werden rasch zu Seen. Und jeder weiß wie häufig es in Western Washington regnet.

Schließlich kaufte ich mir bequeme Laufschuhe im Turnschuhstil für meine Stadtgänge. Rustikale Wanderschuhe dienen mir für Ausflüge, die festen Tritt und widerstandsfähiges Material erfordern, z. B. in den Bergen. Und meine eleganten Schuhe werden nur benutzt, wenn ich sitzen oder im Haus stehen kann. In letzter Zeit scheinen meine Füße ihre Form verändert zu haben wegen der immer bequemeren Schuhe. Ich finde inzwischen sogar Schuhe mit Zwei-Zentimeter-Absatz leicht unbequem und reduziere ihre Zahl. Gebrauchtwarenläden haben nun die meisten meiner europäischen Schuhe erhalten.

Dennoch bleibt mein Schuhregal voll. Ich habe alle möglichen Schuhe für draußen – für Walking, Wandern, Gartenarbeiten, Bootfahren, Muschelsuche, Strand- wanderungen … Die meisten davon sind hässlich. Alle sind sie bequem. Und ich kann es kaum abwarten, wenn es wieder warm genug, um draußen schicke Flip-Flops zu tragen, oder daheim gar keine Schuhe.

Abgelegtes

In meiner deutschen Vergangenheit bin ich nie bei Haushaltsauflösungen gewesen. Nicht dass Deutschland keine hätte – sie werden meist in Zeitungen in speziellen Anzeigenteilen angekündigt. Deutschland kennt auch Gebrauchtwarenläden wie Oxfam oder solche christlicher Organisationen. Unsere Familie ging nur nie hin. Wir kauften neu. Wir sparten an, um Neues zu kaufen. Während in den USA der Besuch von Haushaltsauflösungen eine Lieblings-Freizeitbeschäftigung am Wochenende zu sein scheint, wird in Deutschland damit immer noch Armut verbunden. Oder man gilt als etwas sonderlich. Oder ... ist ein Sammler. Zumindest gilt das für die Kreise, in denen ich aufgewachsen bin.

Als ich hierherkam, fand ich rasch heraus, dass es eine Sache des Wettbewerbs ist, so früh wie möglich zu einer Haushaltsauflösung zu gelangen. Man sieht die Schilder auftauchen, und schon zieht man los. Manche dieser Haushaltsauflösungen sind professionell organisiert, andere von den Eigentümern selbst. Mich überrascht immer wieder, wieviele Besitztümer ein einzelner Haushalt ansammeln kann bis hin zu einem Grad, der keinen Sinn mehr hat. Ich habe Haushaltsauflösungen mit drei Klavieren in einem Raum gesehen, Küchen mit einer Menge Nudelhölzer, von denen keines mehr intakte Griffe besaß, Schlafzimmer mit zig Paaren Designerschuhen, rostige Gegenstände in Geräteschuppen, die offenbar ewig nicht mehr benutzt worden waren. Ich frage mich stets, wo die Leute das alles aufbewahren. Und warum sie behalten, was sie offenbar nicht mehr benutzen.

Ich erinnere mich, dass ich früher zweimal im Jahr durch meine Besitztümer gegangen bin und das Unbenutzbare wegwarf, das noch nicht beim zweijährlichen Sperrmüll am Straßenrand gelandet war. Ich warf abgetragene Kleidung in den Kleidercontainer. Ich habe nie mehr als nur ein Nudelholz besessen, ein Klavier, ein Dutzend Paar Schuhe (von denen ich alle trug), und ganz sicher keine rostigen Dinge. Und selbst jetzt denke ich, dass ich ohne vieles auskomme, weil ich es einfach nicht brauche.

Gebrauchtwarenläden sind eine weitere Quelle für Dinge, die der eine nicht mehr braucht, ein anderer aber benötigt. Oder möchte. Sogenannte Antiquitätenläden finde ich oft mit ähnlichem Angebot, obwohl auch ein paar einen Besuch wirklich wert sind, wenn man nach alten, schön designten Möbeln oder dekorativen Gegenständen sucht. Vor ein paar Jahren besuchten eine Freundin und ich einen ziemlich schicken Antiquitätenladen in Lakewood auf der Suche nach einem Geschenk für eine gemeinsame Freundin. Ich entdeckte zwei fantastische japanische Vasen, denen ich einfach nicht widerstehen konnte. Und ich habe immer noch weder Platz noch Gebrauch für sie, aber sie sind *so* schön. Ich vermute also, dass Leute deshalb am Ende viel mehr Dinge besitzen, als theoretisch in ein Haus passen.

Manchmal, wenn ich durch eine Haushaltsauflösung stöbere, bin ich mehr an der Geschichte interessiert, die die

Habseligkeiten über ihre Eigentümer erzählen. Ich entdecke fremde Nationalitäten, Hobbies, Geschmäcker, Lebenserinnerungen eines Daseins, das nun an einem anderen Ort weilt. Ich sehe die Häuser und stelle mir vor, wie es gewesen sein muss, darin zu leben, als Kinderfüße die Treppen auf- und abtrappelten und ein Hund bei der Hintertür in der Küche seinen Napf gehabt haben mag. Haushaltsauflösungen, Gebrauchtwarenläden, Antiquitätenläden sind wirklich faszinierende Orte, um die Gedanken wandern zu lassen. Und es gefällt mir sehr, dass Dinge nicht einfach weggeworfen werden, sondern dass Menschen sie schätzen und zur Wiederverwendung kaufen.

Ich dünne meine Besitztümer immer noch regelmäßig aus. Derzeit habe ich eine Ansammlung von Vasen, saisonalen Dekorationen, ein ungetragenes Sonnenkleid (was hat mich besessen, als ich es kaufte?!) und eine Reihe von Büchern, die ich nicht nochmals lesen werde, in Taschen gepackt. Sie warten darauf, zum Gebrauchtwarenladen transportiert zu werden. Ich stelle mir vor, jemand müsste eines Tages all die Dinge handhaben, die ich täglich benutzt habe, und noch ein Sammelsurium an Dingen, die ich nicht auch nur anschaue … Nein, letztere nehme ich lieber und gebe sie jetzt weg. Außer das brandneue Fondue-Set, das unbenutzt auf einem Garagenregal steht – seit wievielen Jahren schon? Aber man weiß ja nie. Eines Tages werde ich es vielleicht doch noch benutzen wollen.

Gekrönte Häupter

Vor ein paar Wochen verfolgte die Welt wieder eine Hochzeit im britischen Königshaus, und US-Magazintitelseiten waren mit dem glücklichen jungen Paar zugepflastert. Während diese Bilder langsam unserem Gedächtnis entschwinden, folgt das Internet mit Bildern der brandneuen Herzogin, die mit „der" Queen reist, und die sozialen Medien überschlagen sich mit Bemerkungen von Leuten über ihr „wildes Haar" und anderen Kommentaren. Eine Menge von ihnen übrigens Bürger nicht-royalistischer Demokratien. Was fasziniert also an jenen, die eine Krone tragen?

Die Aristokratie meines Geburtslandes verlor all ihre Anrechte nach dem Ersten Weltkrieg. Es gibt noch viele, die Titel und Güter besitzen, aber niemand spricht mit ihnen unterwürfiger als mit anderen Leuten. Mit etwa 16 Jahren habe ich eine Arie gesungen vor dem österreichischen Kaiserenkel. Ich habe mit Graf Anton-Wolfgang von Faber-Castell in einem privaten Salon auf seinem Schloss zu Stein in Deutschland zu Mittag gespeist. Keiner trug zu irgendeiner Zeit Insignien. Aber beide hatten diese aristokratische Haltung – und das meine ich nicht negativ – die es ihnen erlaubt hätte jederzeit eine Krone zu tragen. Etwas, das Respekt einflößte. Etwas, das sie herausragen ließ, wenn sie einen Raum betraten.

Wie wir alle wissen, waren die Vereinigten Staaten von Anfang an eine Demokratie. Wir sprechen Menschen eher beim Vornamen an als bei ihrem Nachnamen und Herr oder Frau, wenn es sich machen lässt. Es gilt als egalitärer. Wenn man herausragen will, muss man Herausragendes tun. Achja, und hier kommt die Krone ins Spiel!

Nun, natürlich nicht immer und nicht um jeden Preis. Aber wenn sie Geburtstag feiern, tragen eine ganze Reihe Leute Papierkronen. Eine bekannte Fast-Food-Kette händigt ihren Kunden Papierkronen aus, wenn sie Geburtstagspartys an ihren Standorten feiert. Western Washington hat seine Narzissen-Prinzessinnen wie Deutschland seine Weinprinzessinnen. High-Schools haben ihre Homecoming Queens (und Kings), manchmal mit einem ganzen von Schulkameraden gewählten Hofstaat – ja, eine Krönungszeremonie ist obligatorisch. Nicht so in Deutschland – wir haben unsere Schul- und Klassensprecher, erstere in die Schulpolitik eingebunden, letztere als Verbindung zwischen Klasse und Klassenlehrer. Sehr demokratisch, völlig glanzlos, ganz gewiss ohne funkelnde Kronen. Und mit Ende der letzten Klasse danken sie ab – nach der letzten Prüfung sind sie einfach obsolet.

Auch haben unsere beiden Nationen Schönheitswettbewerbe, einige für Teilnehmer, die gerade laufen können, einige für junge Erwachsene, einige für Senioren. Letztlich geht alles um ein Band und eine Krone, vielleicht um eine zusätzliche Erwähnung im Stadtschild, wie „Home of Miss Washington …", gefolgt vom Jahr, in dem sie die Krone erhielt. Ach, diese Krone zu tragen … Sich wie eine Prinzessin zu fühlen …

Ist das Funkeln wirklich, was wir brauchen, um uns besonders zu fühlen, Besonderes zu träumen? Warum sehnen wir uns so nach Geschichten, die so viel Glitzer und Glamour enthalten, besser noch Adelige, obwohl wir behaupten, wir seien alles andere als Untertanen? Warum führen wir bei Events, in denen Menschen gewählt werden oder allenfalls Geburtstag haben, Kronen ein?

Und dann bemerken wir überrascht, dass eine amerikanische Bürgerliche gerade eben unseren Traum von Lametta und Strasskrönchen zu ihrer Wirklichkeit gemacht hat. Nur dass er eine echte Krone enthält. Nur dass sie nicht Cinderella, sondern schon eine Selfmade-Frau war und vermutlich so viel persönliche Freiheit aufgibt, dass niemand sie ernstlich beneiden würde. Und seien wir ehrlich – am wenigsten um das Gewicht einer echten Krone …

Haushaltsgegenstände

Unlängst habe ich zu Hause staubgesaugt und war ganz gedankenverloren, als plötzlich mein Staubsauger starb. Die plötzliche Stille weckte mich aus tiefen Betrachtungen über eine Handlungsentwicklung in meinem nächsten Roman, aber ich wusste sofort, was passiert war. Der Stecker war aus der Steckdose gefallen ... mal wieder. Ein Problem, dem ich inzwischen so oft begegnet bin, dass es ganz normal geworden ist, damit umzugehen – die Kontakte einfach nach innen oder außen biegen und den Stecker wieder einstecken. Mit anderen Worten: Die Stecker vieler US-Haushaltsgegenstände passen erst perfekt, wenn man sie dazu macht. In Deutschland heißt eingesteckt eingesteckt – wenn man nicht wirklich fest daran zieht und damit riskiert, das Kabel vom Stecker abzureißen.

Staubsauger – das ist ein anderes Stichwort. In Deutschland hatte ich einen netten, leichtgewichtigen mit Kanister zum Hinterherziehen und großen Papierbeuteln, in die der Staub gesaugt wurde. Hier schleppte ich in meinen ersten Jahren ein richtig schweres Monster – das neuste Modell einer bekannten Marke, wohlgemerkt – treppauf, treppab und bewegte beim Saugen das gesamte Gewicht des Kanisters zusätzlich mit meinem Handgelenk. Ich verstehe einfach das Konzept nicht. Warum muss der Kanister auf halber Rohrhöhe sitzen? Warum braucht man Akrobatik verbunden mit Gewichtheben, um das Gerät auseinanderzunehmen, um entweder unter Möbel zu gelangen oder den Kanister zu öffnen? Worin liegt der Vorteil, ein Anti-Allergen-Filter und einen

Kanister über der Mülltonne zu öffnen und zu reinigen, wenn mich das mit dem Staub bedeckt, den ich soeben gesaugt habe? Besser noch, ich habe deutsche Freunde auf Facebook stolz verkünden sehen, dass sie gerade solch einen Wunder-Staubsauger erstanden hätten. Ich konnte nur den Staub aus meinem Haar schütteln. Nach langer Suche habe ich übrigens einen US-Staubsauger gefunden, der meinen deutschen Standards entspricht. Der Markenname ist das Äquivalent eines griechischen Freudenschreis beim Entdecken einer Sache. Ich sag ja nur.

Ein weiteres Fossil sind die Waschmaschinen des gängigsten Typs, jene Toplader mit Spindel im Innern. Fragen Sie mich nicht, wieviele Kleidungsstücke meiner Familie sich schon in der Spindel oder zwischen Spindel und Boden verfangen haben und regelrecht geschreddert wurden. Es muss einen geheimen Vertrag zwischen den Herstellern solcher Maschinen und der Bekleidungsindustrie geben, da bin ich mir ziemlich sicher. Das einzige Mal, dass ich in Deutschland je Kleidung ruiniert habe, war, als ich versehentlich etwas Rotes in meine weiße Kochwäsche gesteckt hatte. Genau – das resultierende Pink war *meine* Schuld. Hätte ich etwas schreddern wollen, hätte ich andere Maßnahmen ergreifen müssen.

Und was ist mit all den seltsam angeordneten Schaltern hinter den Herdplatten, sodass man sich die Arme verbrüht, wenn man beim Kochen über dampfende Töpfe reichen muss? Oder ein Handmixer, der nach fünf Jahren an all den falschen Stellen auseinanderfällt, während man mixt, während das deutsche Teil, das ich benutzte, noch nach 15 Jahren so gut wie neu war?

Ende der Tirade, denn ich habe so eine Ahnung, dass Amerikaner, die nach Deutschland kommen, ihre eigenen kleinen Ärgernisse erleben. Sie werden sehen, dass Ihr neues deutsches Heim seltenst eine Einbauküche enthält – ja, Sie müssen sich selbst eine zusammenstellen. Wenn Sie Glück haben, sind in der Miete Spüle und Herd inbegriffen. Deckenlampen? Sie dürfen mit den Kabeln in der Decke machen, was Sie wollen – oder rufen Sie einen Elektriker, der Ihnen all die Lampen anbringt, die Sie mühevoll für Ihre letzte Wohnung gekauft haben und die nun schief wirken oder zu lang oder zu kurz für Ihr neues Heim sind. Es gibt keine Klimaanlagen für heiße Sommer. Träumen Sie nicht von Waschmaschinen und Trocknern als Teil Ihres Mietobjekts – die dürfen Sie selbst kaufen. Und Telefon- und Internetservices sind alles andere als erfreulich – übrigens auch für Deutsche.

Tatsächlich ist nichts je perfekt. Nirgends. Alles, was man tun kann, ist sich zu sagen, dass, wenn alle anderen damit klarkommen, man es auch kann.

Ich schalte immer noch gelegentlich die verkehrten Herdplatten ein, weil die Anordnung der Schalter jeglicher Logik entbehrt. Gelegentlich ruiniere ich ein Kleidungsstück in der Waschmaschine – Grund genug, mir oder jemand anders etwas Nettes und Neues zu besorgen. Ich werde mir relativ bald einen neuen Mixer kaufen müssen und bin mir sicher, damit jemandem den Arbeitsplatz zu erhalten. Aber mein kleiner Staubsauger gleitet glücklich hinter mir her, wo immer ich ihn brauche. Und ich habe ganz gewiss gelernt, Stecker zurechtzubiegen.

Schulzeit

Woran erinnere ich mich von meinem allerersten Schultag in Deutschland? An einen großen gefüllten Pappkonus, eine Menge Menschen, die in der Turnhalle saßen, einem Willkommensprogramm beiwohnten und dem Rektor zuhörten, an das Betreten eines Klassenzimmers und die ziemliche Ahnungslosigkeit, was überhaupt vorging. Ich konnte meinen Namen schreiben, zählen und eine runde, analoge (!) Uhr lesen. Das war so ziemlich alles abgesehen von Häkeln und Nähen sowie davon, Scheren zu benutzen, mich selbstständig anzuziehen und mir die Schuhe zuzubinden, europäisch mit Messer und Gabel zu essen, kurze Gedichte aufzusagen, Rad zu fahren und öffentliche Verkehrsmittel zu benutzen. Ich war sechs und eine der Jüngsten in meiner Klasse.

Mein Zuhause war etwas mehr als anderthalb Kilometer von der Schule entfernt, und nach den ersten paar Tagen, an denen mich meine Mutter zur Schule begleitete und später wieder abholte, alles zu Fuß, war ich mir selbst überlassen. Ich hatte einen niedlichen kleinen Schirm für Regentage, und die Schule wurde nie wegen Schneefalls geschlossen. Pünktlichkeit war jedermanns eigene Verantwortung – und man sah zu, dass man es war, denn alle Klassenkameraden riefen sonst „Zu spät gekommen! Zu spät gekommen!" Es gab keine Schulbusse. Es gab öffentliche Busse, aber ich bekam selten Fahrgeld dafür. Ich ging die meisten meiner 13 Schuljahre zu Fuß. Ich glaube ein paar Jahre lang benutzte ich auch tatsächlich ein Fahrrad. Keiner von uns

265

besaß je ein Auto – wir durften erst ab 18 fahren und mussten ausgedehnte und teure Fahrstunden absolvieren.

Ich trug einen Schulranzen. Mein erster war gelb mit einem blauen Hund, der eine Blume im Maul trug; er hatte rote Sicherheitsreflektoren. Ich hasste ihn. Mein zweiter Schulranzen war aus braunem Leder. Er sah aus wie … nein, sagen wir nur, ich hasste ihn noch mehr. Ich trug Unmengen Bücher darin zur Schule und zurück. Wir hatten keine Schließfächer. Wir hatten im Klassenzimmer Platz in einem Regal. Darauf hatte praktisch jeder Zugriff. Ich legte selten etwas hinein. Wir brauchten *alle* Bücher und Lernmaterialien sowieso in der Schule *und* daheim. Erst mit 15, als ich von meiner ersten großen Soloreise in die USA zurückkehrte, trug ich eine Büchertasche – eine schöne aus beigem Segeltuch mit dunkelblauen Griffen, die mit weißen Walen bestickt waren. Sie war einzigartig. Sie ragte wie ein Mode-Statement heraus. Ich liebte sie.

Die Schule begann um 7:45 Uhr. Die ersten drei Jahre waren wir sechs Tage pro Woche in der Schule, danach wurde es allmählich auf nur noch fünf reduziert. Die Stunden dauerten jeweils 45 Minuten mit einer Fünf-Minuten-Pause danach. Um 10:10 Uhr hatten wir „Große Pause" – 20 Minuten die für ein Vesper genutzt wurden. Die meisten Kinder brachten ihres von daheim mit. Meines war immer ein liebevoll von meiner Mutter in Pergamentpapier eingewickeltes Butterbrot und ein aufgeschnittener Apfel. Andere Kinder kamen mit Geld zur Schule und kauften Backwaren und Milch oder Tee am

266

Hausmeisterfenster oder einem Tisch, den ein Händler aufgeschlagen hatte. Mittagessen gab's zu Hause. Immer. Und waren die Hausaufgaben erledigt, durften wir uns frei in der Nachbarschaft bewegen bis zum Abendessen oder zum Einbruch der Dunkelheit, je nachdem was früher kam.

Hier frage ich mich manchmal, wo die Kinder stecken. Sicher, ich sehe sie auf den Schulbus warten oder daraus aussteigen. Aber abgesehen davon sehe oder höre ich kaum eines – wenn ich die Kleinkinder im Supermarkt tagsüber oder die Kindergeburtstagspartys in einem Park nicht mitzähle. Ich weiß natürlich, dass die Schulbusse alle zusammen dahin fahren, wo sie hin müssen. Also sehe ich niemanden auf dem Schulweg von A nach B. Und natürlich weiß ich, dass die Kinder meist den ganzen Tag in der Schule sind. Ich gebe zu, das hätte mich als Kind verrückt gemacht. Ich erinnere mich, welche Qual es war, als wir in der dritten und vierten Klasse zweimal pro Woche Nachmittagsschule hatten. Später kam ich damit klar, gewöhnte mich aber nie daran.

Wenn ich Schulbusse und die Autoschlangen dahinter sehe, denke ich daran, wie hart ich es damals manchmal fand. Die Schultüte am ersten Schultag vertröstete nur eine Zeitlang. Aber ... ich bin froh, dass alles so war, wie es war, und ich weiß, ich würde die Kinder heute nicht um ihre Schulbusse, ihre schickere Schulmode oder ihre Schulmahlzeiten beneidet haben. Ich erfreute mich einer Freiheit, die Kinder heute in Deutschland wie in den USA immer weniger erfahren. Und wenn es nur die Freiheit war, einer Lehrerin oder Freundinnen auf dem Weg zur Schule Blumen zu pflücken oder nachmittags unbeaufsichtigt durch die Nachbarschaft zu toben.

Verpackungen

Manchmal frage ich mich, wie es sein wird, wenn ich ein paar Jahrzehnte älter bin, meine Finger nicht mehr so gelenkig und meine Handgelenke nicht mehr so kräftig sind wie jetzt. Meist geschieht das, wenn ich wieder einmal mit einer Verpackung kämpfe und ich denke, ich wäre unfähig oder der Verpackungsdesigner völlig empathielos. In Deutschland passierte das eher selten.

Natürlich hatte ich auch meine Schwierigkeiten, das eine oder andere deutsche Produkt zu öffnen. Das passierte z.B. wenn der Rand einer Dose zu hoch für meinen Dosenöffner war; was mir drei verschiedene Dosenöffner einbrachte, darunter einen elektrischen. Oder wenn sich kleine Glassplitter am Flaschenhals in den Schraubverschluss hineingearbeitet hatten, offensichtlich ein Produktions- oder Transportfehler – dann verwendete ich einen speziellen Glasöffner. Ein- oder zweimal in meinen fast 42 Jahren drüben endete ich mit dem Dosenring am Finger statt am offenen Dosendeckel. Aber das war's dann auch schon.

Meine Probleme mit dem Öffnen von Verpackungen begannen hier beinahe sofort. Öffnen Sie einen großen Joghurtbecher – selbst wenn Sie sehr vorsichtig vorgehen und den Aluminium- oder Plastikdeckel in einer leicht kreisenden Bewegung vom Rand abziehen, werden Sie vermutlich mit einem halbabgerissenen Deckel und Joghurt von seiner Innenseite an Ihrer Hand enden. Oder Mozzarellabällchen in Lake – versuchen Sie erst gar nicht, den Plastikfilm vom Becher zu lösen. Es geht gar nicht anders, als mit dem Messer den Rand entlang zu schneiden. Ruinierte Fingernägel sind eine Folge des Entfernens von Siegeln über dem Metalldispenser einer Salzschachtel. Reißlinien entlang Gleitverschlüssen reißen nicht, wo sie reißen sollten, weshalb man am Ende doch eine Schere verwendet oder mit einem kaputten Gleitverschluss dasteht. Wiederverschließbare Deckel verschließen sich meist nicht wieder vollständig – oder sie reißen an Stellen, die nie als wiederverschließbar konzipiert waren; letztlich packe ich alles in Haushaltsdosen. Ich habe mit kindersicheren Behältern und Flaschen gekämpft, die solch gefährliche Stoffe wie Saft oder Marmelade enthielten – selbst mein Glasöffner hat in ein paar Fällen nicht funktioniert.

Aber mal ehrlich – die schlimmsten Verpackungsdesigner scheinen sich auf pharmazeutische Produkte spezialisiert zu haben. Abgesehen davon, dass man sein Körpergewicht in eine Flasche pressen muss, während man den Deckel abschraubt, sind, bis man die Pillen darin erreicht hat, die Finger in der Öffnung steckengeblieben, weil man den Fehler begangen hat zu versuchen, ein ganzes Pfund Watte aus dem Behälter zu entfernen. Man lässt also die Watte los, um die Finger wieder herauszubekommen, und beginnt den Vorgang von Neuem – man braucht dafür eine Pinzette. Oder diese phänomenalen Packungen mit einzeln verschweißten Tabletten. Entweder ist die Pappabdeckung zu dick, oder ich bin zu schwach – aber der kleine Einschnitt, an dem es heißt „Hier aufreißen", funktioniert für mich nie. Ich muss extra eine

270

Schere suchen. Oder diese genialen, bei denen man die Pappe erfolgreich abschält und man eine unbezwingbare Folienschicht vorfindet, die verhindert, dass man ohne Messer an sein Medikament kommt. Dicke Plastiksiegel um Flaschenhälse mit einer Perforation, die nicht da anfängt, wo man mit dem Aufreißen beginnen sollte, erfordern ein weiteres Werkzeug.

Ich frage mich, ob diese Designer je ihre eigene Verpackung ausprobieren oder ob sie die Produkte, für die sie die Verpackung designen, nicht benutzen. Warum das Leben vereinfachen, wenn es soviel abenteuerlicher sein kann, richtig? Besonders wenn es um Medikamente geht und Patienten nahe einem Herzinfarkt sind, bevor sie an ihre Pillen oder Tropfen kommen.

Erst neulich musste ich meine Zähne einsetzen, um die Verpackung eines Wandersnacks zu öffnen, weil der nicht einmal vorgab, eine Reißlinie zu besitzen. Der Geschmack und das Gefühl von Plastik im Mund haben mir nicht wirklich gefallen, ganz zu schweigen davon, wessen Finger in welchem Zustand die Verpackung vor mir angefasst mochten. Ich bin froh, dass ich gute Zähne habe, und ich hoffe, ich kann noch auf lange Wanderungen gehen, auch wenn ich meinen ersten Zahnersatz oder ein ganzes künstliches Gebiss habe. Obwohl ich dann eine andere Wahl bei Wandersnacks treffen muss. Eine, bei der ich zum Öffnen nicht mit Zähnen und Klauen kämpfen muss.

Fenster

Ich putze gern Fenster. Zumindest habe ich das in Deutschland gern getan. Hier – eher nicht. Weil Fensterputz in den USA so viel weniger befriedigend ist. Nicht weil die Fenster weniger schmutzig würden und man den Unterschied nicht sähe. Der Unterschied liegt in den Fenstern selbst.

Die Deutschen lieben geöffnete Fenster. Selbst wenn es regnet oder es kalt wird. Vielleicht findet man deshalb überall Kippfenster. Unten geschlossen, oben offen liefern sie einem Zimmer stets Frischluft, meist ohne Regen einzulassen. Sie lassen sich auch wie Türen öffnen – meist ins Rauminnere. Ich frage mich allerdings, wie Menschen z.B. in der norddeutschen Stadt Celle ihre Fenster putzen – dort öffnen sich die Fenster der Altstadthäuser nach außen. Was hervorragend hilft, Einbrecher abzuhalten (Klong – jetzt gibt's 'was an die Birne, mein Herr!). Aber ich ziehe es vor, nicht mit dem Oberkörper über dem Fensterrahmen im dritten Stock nach draußen zu hängen und zu versuchen, die Außenseite der Scheibe zum Putzen zu erreichen.

Die Fenster hier sind sicher weit weniger gefährlich als die in Celle (außer man zählt diese hohen Decken mit raumhohen Fenstern oder Oberlicht mit). In einigen Fällen braucht man einfach professionelles Gerät, um die Fenster gründlich zu reinigen – aber selbst dann entwischen manche Stellen. Schiebefenster haben immer Stellen, die niemand erreicht. Was meiner Zufriedenheit abträglich ist. Oder man mietet einen professionellen Fensterputzer – aber nimmt der ein

Fenster auseinander, um die Stellen zu erreichen, an denen sich die Rahmen überlagern? Ich bezweifle das sehr. Auch ist es schwierig, allen Schmutz aus den Rahmen zu entfernen. Jedes Mal, wenn man das Fenster über eine frisch geputzte Stelle schiebt, kann man sich sicher sein, dass man Schmutz von der Fensterunterseite wiederaufträgt.

Ein anderer Teil deutscher Fenster, den ich sehr vermisse – Fensterbretter. Nicht weil sie oft breit genug für Topfpflanzen sind (mein deutsches Küchen-Fensterbrett war ein Kräutergarten). Sie sind meist aus versiegeltem Marmor oder Granit – was bedeutet, dass man sie einfach abwischen und sauber halten kann.

Ist es ein Wunder, dass Deutsche ihre Fenster und Fensterbretter lieben? Ich erinnere mich an solche, die aussahen wie Wintergärten. Ich erinnere mich an Betten, die zum Lüften über dem Fensterbrett hingen. Oder an Menschen, die stundenlang im Fenster saßen (die Fenster weit geöffnet) und sich mit jedem unterhielten, der aus der Nachbarschaft vorbeikam. (Da geht es hin, das Bild des reservierten Deutschen, richtig?)

Zu den deutschen Fenstern gehört auch ein Gardinensystem, dass ich sehr vermisse. Ich fädele nicht gern meine Küchengardinen über eine ausfahrbare Gardinenstange, die seltsam störrisch ist, wenn ich sie wieder anbringe. Ich liebte meine Rädchen, die selbst während der Wäsche an die Gardinen geklemmt blieben und die ich einfach in die Schienen unter der Decke zurückschob. Hier muss ich zwei oder drei

Stangen jonglieren, Gardine einschließlich, je nachdem wieviele Lagen ich am Fenster vorziehe. Vielleicht haben deshalb so viele Häuser gar keine Gardinen?

Nunja, es ist Zeit für meinen Herbstputz. Man will ja schließlich, dass die Festgäste aus dem Fenster schauen können, richtig? Ich werde wohl zu Lowes gehen und professionelleres Fensterputzgerät besorgen und einen Versuch damit wagen. Wenigstens lebe ich nicht im dritten Stock.

Schlösser

Seien wir ehrlich: Wir alle sind mehr oder weniger fasziniert von Schlössern. In Europa nehmen wir sie fast als gegeben hin. Unsere Vorfahren wurden während ihrer Errichtung ausgebeutet. Und obwohl die USA lange vor Europa aus der Aristokratie ausbrechen konnten, gibt es immer noch eine Reihe architektonischer Strukturen, die die Pracht von Schlössern, Palästen, Herrenhäusern und aristokratischen Villen hier imitieren.

Eines der am häufigsten imitierten europäischen Schlösser ist, was viele das Disney-Schloss nennen – vermutlich weil „Neuschwanstein" so schwer auszusprechen ist. Ist es nicht wirklich. Versuchen Sie's einfach: Noy-'shvuhn-shtine. Da haben Sie's! Vielleicht ist es wegen seiner Türmchen und der (nicht so einzigartigen) Lage auf einem Felsen, dass die Leute es so mögen. Auch sieht es so aus, als stamme es aus dem Mittelalter Tut es nicht. Denn in Wirklichkeit wurden die meisten mittelalterlichen Strukturen damals von Feindeshand geschleift. Grundsätzlich ist Neuschwanstein im Vergleich zu anderen deutschen Schlössern und Palästen ziemlich künstlich – und genauso unbedeutend. Die Schöpfung eines leicht unausgeglichenen, wenig bedeutenden bayerischen Königs des 19. Jahrhunderts, der seine Paläste in Einsamkeit durchschritt.

Andere touristische Schlösser sind natürlich Heidelberg und Sanssouci in Potsdam. Beide spielten wahrhaftig eine Rolle in der deutschen Geschichte. Und wenn

Sie je eine Rhein-Flusskreuzfahrt unternommen haben, werden Sie die zahlreichen Schlösser und Ruinen auf den Felsen oberhalb der Rheinschlucht gesehen haben.

Meine Geburtsstadt, Stuttgart, hat mitten im Zentrum gleich zwei Schlösser. Das ältere wurde 1292 als Wasserburg erbaut und wird heute als Landesmuseum genutzt. Und es gibt das sogenannte Neue Schloss, erbaut im barocken Stil, schräg gegenüber vom alten auf dem zentralen Schlossplatz. Dieses wird stark für offizielle Anlässe jeglicher Art genutzt, und der europäische Adel ist dort recht regelmäßig zu Gast. Als Normalbürger sieht man für gewöhnlich nur sehr wenige Räume des Neuen Schlosses. Weshalb das nahe Ludwigsburger Schloss allen Tourismus abbekommt – aber wir müssen fair sein: Der Ludwigsburger barocke Park ist so fantastisch wie das Schlossinnere. Und eine weitere Attraktion ist der Märchengarten innerhalb seiner Parkgrenzen.

Ja, Deutschland ist gespickt mit den Ruinen alter Burgen, mit alten Schlössern, Palästen und Herrensitzen. Wenn Sie sich einen Eindruck verschaffen wollen, was Sie verpassen könnten, während Sie noch immer „Disney Castle" für Ihre nächste Reise in Erwägung ziehen, werfen Sie einmal einen Blick auf das schöne Buch „Roads to Ruins" des Autors Ed Kane aus Lakewood (www.roadstoruins.com). Vielleicht überdenken Sie Ihre Reiseroute noch einmal.

Apropos: Lakewood hat sein eigenes wunderschönes Schloss, das im Gotikstil der Tudors erbaut wurde (aber natürlich mit modernsten sanitären Anlagen) – Thornewood

Castle. Es hat sogar präsidiale Geschichte. Hollywood hat den Schauplatz für eine Reihe Serien und Filme genutzt, darunter „There Will be Blood" mit Daniel Day Lewis. Kurz nach 1907 erbaut als Brautgeschenk, enthalten Gebäude und Gärten antike Teile, die britische Schlösser veräußerten. Überdenken Sie vielleicht noch einmal, ob Sie sich überhaupt der Mühe unterziehen möchten, nach Europa zu reisen, da man auch Aufenthalte hier buchen kann. Ich glaube, selbst die Briten könnten sich durch dieses feine Beispiel historischer Schlossarchitektur täuschen lassen.

Wie auch immer – europäische Schlösser sind, denke ich, ein bisschen wie unser archetypischer Prinzessinnentraum. Einen Moment lang treten wir in eine unwirkliche Welt. Wir atmen Geschichte. Und dann kehren wir zurück, um unsere modernen Grundbedürfnisse zu befriedigen.

Danksagung

Zuerst möchte ich Ben Sclair, Herausgeber der "The Suburban Times" in Lakewood, Washington, Dank sagen für die wunderbare Gelegenheit, meine Gedanken auf regelmäßiger Basis in einem Medium mitzuteilen, das für zuverlässiges Erscheinen und informative Inhalte von seiner Leserschaft überaus geschätzt wird. Mehr als nur ein paar Mal habe ich um Hilfe gerufen, wenn ich einen Artikel bereits eingereicht hatte und noch Fehler darin fand. Ben hat immer ausgesprochen freundlich meine Fehler korrigiert. Wenn Sie welche in diesem Buch finden, sind das alles meine.

Ich möchte mich auch bei all den beständigen Lesern und Kommentatoren bedanken, die mich bei der Sache gehalten und mir gezeigt haben, dass meine Idee für diese Kolumne einen Nerv getroffen hat. Auch wenn „In der Fremde daheim" hier endet, hoffe ich, Suburban-Times-Leser mit weiteren Veröffentlichungen, aktuell unter dem Kolumnentitel „Über den Gartenzaun", zu unterhalten.

Und ich möchte meinem Mann, Donald, danken, der mit nicht endender Geduld meinen Vorträgen über aktuelle Ideen, Leserbriefe und Verbreitung über fast zwei Jahre lang zuhörte, eine Reihe meiner Artikel las, kleine Änderungen vorschlug und mein Schreiben und Publizieren in jeder nur denkbaren Weise unterstützte bis zu dem Punkt, an dem ich auf ganze Tage in meinen Schreibwinkel verschwand und fast vergaß, Essen zu kochen. Kein Schriftsteller könnte es besser haben.

54199018R00167

Made in the USA
Columbia, SC
27 March 2019